汽车空调系统检修

（第2版）

主　编　吴兴敏　杨军身　赵金鹏
副主编　王英彬　马书红　崔天堃
参　编　孙连伟　王立刚　仲琳琳　崔　波

北京理工大学出版社
BEIJING INSTITUTE OF TECHNOLOGY PRESS

内容简介

本书共设置 3 个课题，分别是课题一：汽车空调总体认识；课题二：汽车空调制冷系统的维修；课题三：汽车采暖与通风系统的维修。以国内外比较流行的车型为例，系统地讲述了汽车空调系统的组成、分类，汽车空调制冷系统工作原理，汽车空调制冷系统主要部件的结构与工作原理，汽车空调制冷系统的控制装置结构与工作原理，汽车采暖与通风系统的结构与工作原理，汽车空调系统主要装置的拆装方法，元器件及电路的检修方法及常见故障诊断方法。

本书可作为职业学校汽车相关专业的教材，也可供汽车维修行业的工程技术人员及汽车维修人员参考使用。

版权专有　侵权必究

图书在版编目（CIP）数据

汽车空调系统检修 / 吴兴敏，杨军身，赵金鹏主编. —2版. —北京：北京理工大学出版社，2023.7重印

ISBN 978-7-5682-7730-3

Ⅰ.①汽⋯　Ⅱ.①吴⋯ ②杨⋯ ③赵⋯　Ⅲ.①汽车空调-检修-教材　Ⅳ.①U472.41

中国版本图书馆CIP数据核字（2019）第248814号

出版发行 / 北京理工大学出版社有限责任公司
社　　址 / 北京市海淀区中关村南大街5号
邮　　编 / 100081
电　　话 /（010）68914775（总编室）
　　　　　（010）82562903（教材售后服务热线）
　　　　　（010）68944723（其他图书服务热线）
网　　址 / http://www.bitpress.com.cn
经　　销 / 全国各地新华书店
印　　刷 / 定州市新华印刷有限公司
开　　本 / 787毫米 × 1092毫米　1/16
印　　张 / 12　　　　　　　　　　　　　　　责任编辑 / 陆世立
字　　数 / 275千字　　　　　　　　　　　　　文案编辑 / 陆世立
版　　次 / 2023年7月第2版第4次印刷　　　　　责任校对 / 周瑞红
定　　价 / 37.00元　　　　　　　　　　　　　责任印制 / 边心超

图书出现印装质量问题，请拨打售后服务热线，本社负责调换

前言

FOREWORD

《汽车空调系统检修》自2016年发行以来,由于采用了新颖的编写模式,理论知识的深度、知识与技能的融合方式适应职业教育突出技能培养的要求,配备了较为全面的教学素材而受到广大使用者的关注,在全国范围内有较好的销量。

虽然已出版的教材具备了项目引领、行动导向、任务驱动的特点及配备了相关的电子课件、视频等立体化教学资源,但仍存在一些细节问题,如部分内容介绍还不够详细、引用案例陈旧、引用标准不够先进等。

为了更新技术、体现新的职业教育教学理念,突出产教结合、中高职衔接职业教育教学要求,吸纳最新的课程改革成果,完善课程教学资源,决定对本书实施修订。

本次修订,全面贯彻党的二十大报告中"深入实施科教兴国战略、人才强国战略、创新驱动发展战略,开辟发展新领域新赛道,不断塑造发展新动能新优势"的理念,紧密对接汽车行业发展重大战略需求,不断更新专业知识体系,更好服务于新时代创新人才培养,为建设社会主义现代化强国添砖加瓦。作者重新组织了由中、高职教师和企业一线多年从事汽车机电维修的能工巧匠组成的编写团队,以期望教材充分体现教、学、用的无缝对接,生产与教学紧密结合和校企"双元"合作建设的特点。

本书符合任务驱动式教学需要,共分为3个课题,每个课题中设置多个工作任务,每个工作任务都是一个完整的工作过程。工作任务中设置了与汽车维修企业对汽车空调系统维修要求相适应的任务目标,着重介绍工作任务的具体实施方法及对任务实施有直接指导作用的相关知识。学生通过对本教材的学习,能够掌握必要的专业知识,达到相应的技能要求,并且能够取得相应的职业资格证书,为以后从事汽车维修工作打下良好的基础。

本书共设5个学习任务,详细介绍了汽车空调的功能、特点、组成及分类,汽车空调制冷的工作原理和主要类型,汽车空调用制冷剂与冷冻机油,汽车空调专用维修工具的使用方法,汽车空调维修工作的职业安全、环保事项和职业素质,制冷剂的更换,空

FOREWORD

调压缩机、蒸发器单元总成、冷凝器总成、软管总成、冷凝器管等主要组成件的拆装与检修方法，汽车空调制冷系统的控制装置的结构原理、主要组成件的更换与检修和系统控制元件的检测方法，电控自动空调系统的组成、工作原理、主要部件的结构与原理、控制电路，空调系统的使用和检查和维护方法，电控自动空调系统检修方法，汽车空调系统故障诊断与排除方法，汽车采暖系统、通风系统的组成与工作原理，汽车采暖系统、通风系统主要零部件的拆装方法，采暖系统常见故障的诊断与排除方法等。

修订后的教材具备以下特点：

（1）采用任务驱动的编写模式，以适应职业教育"任务驱动"的教学要求。

（2）注重职业素养养成和工匠精神培养。

（3）对接"1+X"证书标准，为未来规模化开展"1+X"证书制度提供知识与能力储备。

（4）立体化教学资源配套比较丰富，基本符合互联网＋职业教育和新形态一体化教材的要求。

本书为职业学校汽车相关专业用教材，也可作为汽车维修技术行业培训教材及汽车维修从业人员自学参考书。

本书由辽宁省交通高等专科学校吴兴敏、营口市农业工程学校杨军身、沈阳市汽车工程学校赵金鹏任主编，凌海市职业技术教育中心王英彬、抚顺市第二中等职业技术专业学校马书红和辽宁奥通汽车销售服务有限公司崔天堃任副主编，参与本书编写工作的人员还有辽宁省交通高等专科学校孙连伟、王立刚、仲琳琳、崔波等。

本书在编写过程中参考了很多文献，在此对这些文献的作者表示衷心的感谢。

由于能力所限，书中难免出现疏漏和差错，恳请广大读者指正。

编　者

CONTENTS

课题一　汽车空调总体认识

任务一　汽车空调总体认识 ··· 1

学习目标 ··· 1

任务分析 ··· 1

相关知识学习 ·· 2

　　一、汽车空调技术的发展历程 ·· 2

　　二、汽车空调的功能 ·· 3

　　三、汽车空调的特点 ·· 6

　　四、汽车空调系统的组成 ·· 7

　　五、汽车空调系统的分类 ·· 9

　　六、空调控制面板 ··· 14

技能学习与考核 ·· 17

学习检验 ··· 19

课题二　汽车空调制冷系统的维修

任务二　制冷系统的拆装 ··· 21

学习目标 ··· 21

任务分析 ··· 21

相关知识学习 ·· 21

　　一、汽车空调制冷的基本原理 ·· 21

　　二、汽车空调制冷系统的基本原理 ·· 24

　　三、汽车空调制冷系统的类型 ·· 26

　　四、制冷剂与冷冻油 ·· 29

　　五、汽车空调专用维修工具 ··· 33

【技能学习与考核】 36
　　一、职业安全与环保事项 36
　　二、制冷系统拆装基本原则 36
　　三、制冷剂的排空 37
　　四、空调压缩机的拆装 38
　　五、空调蒸发器单元总成的拆装 41
　　六、带储液罐的冷凝器总成的拆装 45
　　七、压缩机软管总成的拆装 46
　　八、冷凝器管的拆装 47
　　九、制冷剂的加注 48
　　十、技能考核 58

任务三　制冷系统的检修　61

学习目标 61

任务分析 61

相关知识学习 62
　　一、汽车空调制冷系统主要部件的结构与工作原理 62
　　二、汽车空调制冷系统的控制装置 74

技能学习与考核 85
　　一、压缩机离合器（V5-直接安装型）的拆装 85
　　二、空调膨胀管（量孔）的更换 92
　　三、汽车空调系统控制元件的检测 94
　　四、技能考核 95

任务四　制冷系统故障诊断　97

学习目标 97

任务分析 97

相关知识学习 97
　　一、电控自动空调系统的组成 97
　　二、电控自动空调系统的工作原理 99
　　三、电控自动空调系统主要部件的结构与原理 103
　　四、电控自动空调控制电路 110

技能学习与考核 111
　　一、空调系统的使用和检查 111
　　二、汽车空调系统的维护 113

　　三、汽车空调除异味的方法……………………………………………………… 114
　　四、电控自动空调控制电路检修…………………………………………………… 115
　　五、制冷系统工作压力检测………………………………………………………… 119
　　六、汽车空调系统故障诊断………………………………………………………… 122
　　七、技能考核………………………………………………………………………… 150
　学习检验………………………………………………………………………………… 152

课题三　汽车采暖与通风系统的维修

任务五　汽车采暖与通风系统的维修……………………………………………… 157

　学习目标………………………………………………………………………………… 157
　任务分析………………………………………………………………………………… 157
　相关知识学习…………………………………………………………………………… 158
　　一、汽车采暖系统…………………………………………………………………… 158
　　二、汽车通风系统…………………………………………………………………… 165
　　三、汽车空气净化系统……………………………………………………………… 165
　　四、汽车空调的配气方式…………………………………………………………… 167
　　五、汽车空调的气流组织形式……………………………………………………… 168
　　六、汽车采暖与通风操纵系统……………………………………………………… 169
　技能学习与考核………………………………………………………………………… 170
　　一、加热器及鼓风机控制总成的拆装……………………………………………… 170
　　二、空调滤芯的更换………………………………………………………………… 174
　　三、采暖系统故障检修……………………………………………………………… 176
　　四、采暖与通风系统故障诊断案例………………………………………………… 176
　　五、技能考核………………………………………………………………………… 176
　学习检验………………………………………………………………………………… 178

附　录　学习检验部分试题参考答案…………………………………………… 180

参考文献………………………………………………………………………………… 181

课题一　汽车空调总体认识

任务一　汽车空调总体认识

【任务分析】

汽车空调即车内空气调节，是指对车内的温度、湿度、气流速度、空气的清洁度及噪声等进行调节控制，使其在舒适的标准范围之内的技术。随着人们生活水平的提高，以及家庭汽车的普及，提高汽车的舒适性是各汽车制造商不断追求的目标，而汽车空调就是汽车舒适性的重要标志之一，因此，汽车空调已成为现代汽车的标准配置。

汽车空调包括制冷系统和取暖系统，根据不同的分类方法，有多种类型。每一种类型的汽车空调，均有其自身的特点。因此在对汽车空调装置进行维修之前，维修技师必须明确所维修车型的空调装置类型和总体布置，以便根据具体的特点制定合理的维修方案。

本学习任务主要学习汽车空调的基本类型、组成。

【学习目标】

（1）能够正确描述汽车空调的功能；
（2）能够正确描述汽车空调的组成；
（3）能够正确描述汽车空调的分类；
（4）能够正确描述汽车空调的特点；
（5）能够通过阅读汽车维修手册，说明汽车空调的类型、空调装置的布置；
（6）能够注意培养良好的安全、环保、卫生习惯与团队协作的职业素养；
（7）能够注意培养家国情怀和大国工匠的职业精神。

课题一 汽车空调总体认识

【相关知识学习】

一、汽车空调技术的发展历程

制冷原理早在一万年前就为人所知。当时，中国人就经常在冬天切割池塘和湖泊中的冰块，放入柴堆中保藏，以备夏日之用。古埃及人利用沙漠地区昼夜温差大的特点，让几千名奴隶在夜里将宫墙的石头拆下后，运至沙漠中散热，破晓之前，奴隶又将石块运回原处并砌成墙。通过这种方法，使法老在高温 54.4 ℃的炎热夏日中能够享受到宫内 26 ℃的宜人温度。上述制冷称为天然制冷。

现代制冷又称为人工制冷。人工制冷不再需要耗费巨大的人力与时间，它利用制冷机，消耗的是电能或其他能源。

汽车空调系统的发展经历了由低级到高级、由单一功能到多功能的六个阶段。

第一阶段： 单一取暖。1925 年首先在美国出现利用汽车冷却水通过加热器取暖的方法，到 1927 年发展到具有加热器、风机和空气滤清器的比较完整的供热系统。这种供热系统直到 1948 年才在欧洲出现。而日本到 1954 年才开始使用加热器取暖。目前，在寒冷的北欧、亚洲北部地区，汽车空调仍然使用单一供热系统。

第二阶段： 单一冷气。1939 年，美国通用汽车帕克（Packard）公司首先在轿车上安装由机械制冷的空调器。这项技术由于第二次世界大战而停止了发展。战后的美国经济迅速发展，特别是因 1950 年美国石油产地的炎热天气，急需大量的冷气车，从而使单一降温的空调汽车得以迅速发展起来。欧洲、日本到 1957 年才生产加装这种单一冷气的轿车。单一降温的方法目前仍然在热带、亚热带地区使用。

第三阶段： 冷暖一体化。1954 年，通用汽车公司首先在纳什牌轿车上安装了冷暖一体化的空调器，汽车空调才基本上具有调节控制车内温度、湿度的功能。随着汽车空调技术的改进，目前的冷热一体空调基本上具有降温、除湿、通风、过滤、除霜等功能。这种方式目前仍然在大量的经济型汽车上使用，是目前使用量最大的一种方式。

2

第四阶段：自动控制的汽车空调。冷暖一体汽车空调需要人工操纵，这显然增加了驾驶人员的工作量，同时控制质量也不大理想。自从冷暖一体化技术出现后，通用公司就着手研究自动控制的汽车空调，并于 1964 年首先安装在卡迪拉克牌轿车上，紧接着通用、福特、克莱斯勒三大汽车公司竞相在各自的高级轿车上安装自动空调。日本、欧洲直到 1972 年才在高级轿车上安装自动空调。

第五阶段：微机控制的汽车空调。1973 年，美国通用汽车公司和日本五十铃汽车公司一起联合研究由微型计算机控制的汽车空调系统，1977 年同时安装在各自的汽车上，将汽车空调技术推到一个新的高度。微机控制的汽车空调系统由微机按照车内外的环境，实现微调化。该系统具备数字化显示、冷暖通风三位一体化、自我诊断、执行器自检、数据流传输等功能。通过微机控制，实现了空调运行与汽车运行的相关统一，极大地提高了制冷效果，节约了燃料，从而提高了汽车的整体性和舒适性。

第六阶段：注意环保阶段。汽车空调的制冷剂多年来采用 R12，但已证明它对臭氧层有害，因此，自 1996 年以后，改用 R134a 作为制冷剂。

我国汽车空调的发展经历了三个阶段。第一阶段是从 20 世纪 60 年代初到 70 年代末，主要是利用汽车发动机排出的尾气或冷却水产生的热量来给车内供暖。第二阶段是 80 年代初到 90 年代初，从国外购进一些制冷除湿的汽车空调系统。第三阶段从 90 年代开始，国内形成一批有一定生产规模的汽车空调制造企业。至此，我国汽车空调技术在短时间内接近了世界先进水平。

寄语

科技兴国，志存高远。

二、汽车空调的功能

汽车空调的基本功能是：在任何气候条件下，将车内空气调整到对人体最适宜的状态，改善驾驶人和车内乘员的舒适性。舒适性是人对车内空气的温度、湿度、流速及清洁度等指标的综合感觉。因此，汽车空调的功能要包括调节车内温度、湿度、空气流速及方向、空气清洁度及除霜（除雾）等方面。

1. 调节车内温度

车内温度是指车内空气的冷热程度。为给乘员创造适宜的车内温度环境，在寒冷的冬季，利用采暖装置提高车内的温度，而在炎热的夏季，则利用制冷装置来降低车内温度。

课题一 汽车空调总体认识

图 1-1 所示为舒适环境示意图,从图中可以看出,人感到舒适的温度是 20～28 ℃。但应注意,车内外的温差不宜太大,否则也会使乘客感觉不舒适。为降低汽车空调系统的负荷,减少动力消耗,并为乘客创造一个适宜的温度环境,汽车空调车内推荐值为:夏季一般应控制车内温度在 25～28 ℃,冬季应控制车内温度在 15～18 ℃;夏季车内外温差宜保持在 5～7 ℃范围内,冬季车内外温差也不宜过大,应保持在 10～12 ℃范围内,否则会使乘客感觉太冷或太热,易感冒。

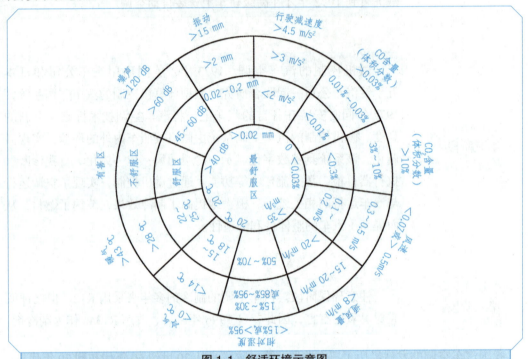

图 1-1 舒适环境示意图

2. 调节车内湿度

车内湿度是指车内空气中所含水蒸气的多少,用相对湿度来表示。车内湿度过小或过大会使乘员感觉干燥或闷热。从图 1-1 中可以看出,人感觉舒适的相对湿度为 50%～70%,所以汽车空调的湿度参数要求控制在此范围内。

普通汽车空调一般不具备调节车内湿度的功能,只有高级豪华汽车采用的冷暖一体化空调器,才能对车内的湿度进行适量调节。

说明:空气有吸收水分的特征,湿度的概念是空气中含有水蒸气的多少。它有如下三种表示方法。

(1) 含湿量。含湿量表示湿空气中水蒸气质量(g)与干空气质量(kg)之比,单位是 g/kg。

(2) 绝对湿度。绝对湿度表示每立方米的湿空气中含有的水蒸气的质量,单位是 kg/m^3。

（3）相对湿度。相对湿度表示空气中的绝对湿度与同温度下的饱和绝对湿度的比值，结果是一个百分比，也就是指某湿空气中所含水蒸气的质量与同温度下饱和空气中所含水蒸气的质量之比，这个比值用百分数表示。例如，某机房平常所说的湿度为60%，即指相对湿度而言。

图1-2和图1-3说明了饱和空气与饱和液体的概念。在图1-2所示的密闭容器内加入一定量的水，静置一段时间，忽略容器内外温度的细小变化，从微观看，密闭容器的上部空间会有水蒸气出现，即水表面附近活动着的一部分水分子，克服水表面张力飞离水面到达容器的上部自由空间，液体蒸发；同时上部自由空间中好动的水分子会与水面碰撞后飞回水中，气体凝结。

图1-2　装有水的密闭容器　　　图1-3　密闭空中内气-液相平衡

水分子的飞出与飞回永无止境，因为分子永远处于运动中，但其有规律可循。开始时，水面上部自由空间没有水分子，蒸发飞出的水分子数多于凝结飞回的水分子数；随着上部自由空间水分子数的增多，水分子浓度增大，飞回水面的水分子数也相应增加，最终它们将达到一个气、液两相的动态平衡，即同一时间内液体表面飞出的水分子数等于飞回的水分子数，如图1-3所示。此时，称密闭容器内液体达到了饱和状态。液面上的蒸气称为饱和蒸气，液体称为饱和液体。容器内的蒸气压力称为饱和压力，对应的气、液温度称为饱和温度。饱和温度与饱和压力一一对应，即对应于一定的饱和温度，就有一确定的饱和压力；反之，对应于一定的饱和压力，就有一确定的饱和温度。例如，当水的饱和压力 $P=101\,325\,Pa$（1atm）时，饱和温度 $t=100\,℃$；饱和压力 $P=12\,335\,Pa$（0.12atm）时，饱和温度 $t=50\,℃$；饱和压力 $P=873.8\,Pa$（0.008 6 atm）时，饱和温度 $t=5\,℃$。

实际检测相对湿度时，通常检测水气的密度或压强来间接计算相对湿度，因而就有两种相对湿度计算办法。第一种计算方法是：相对湿度用RH表示。相对湿度的定义是单位体积空气内实际所含的水气密度（用 d_1 表示）和同温度下饱和水气密度（用 d_2 表示）的百分比，即 $RH(\%)=\dfrac{d_1}{d_2}\times100\%$；另一种计算方法是：实际的空气水气压强（用 p_1 表示）和同温度下饱和水气压强（用 p_2 表示）的百分比，即 $RH(\%)=\dfrac{p_1}{p_2}\times100\%$。

3. 调节车内空气流速及方向

空气流速（风速）和方向对人体舒适性的影响很大。气流速度稍大，有利于夏季人体散热，但冬季风速大了会影响人体保温，过大的风速直接吹到人体上也会使人感觉不舒服。从图1-1中可以看出，人感觉舒适的风速为 $0.1\sim0.2\,m/s$，通常车内空气流速以夏季不超过 $0.5\,m/s$、

冬季不超过 0.3 m/s 为宜。

此外，根据人体生理特点，头部对冷比较敏感，脚部对热比较敏感。为此，汽车空调系统不仅可利用控制装置来调节车内空气流速，而且通过对汽车空调冷、热出风口的合理布置，调节车内空气流向，夏季让冷风吹到乘员头部，冬季让暖风吹到乘员脚部。

4. 调节车内空气清洁度

由于车内空间小，乘员密度大，车内极易出现缺氧和二氧化碳浓度过高的情况；发动机废气和道路上的粉尘等也会造成车内空气污浊，影响乘员的身体健康，因此汽车空调装置上一般都设有进风门、排风门、空气过滤装置和空气净化装置。

5. 除霜（除雾）

汽车内外温度相差过大时，风窗玻璃上会出现雾或霜，影响驾驶人的视线。通过适当的操作，利用汽车空调系统能够将雾或霜除去。

三、汽车空调的特点

对于燃料汽车而言，汽车空调制冷是以耗用发动机的动力为代价来调节车厢内空气环境的。与室内空调相比，汽车空调主要有如下特点：

1. 汽车空调安装困难

汽车空调安装在行驶的车辆上，承受着剧烈频繁的振动和冲击，因此，连接处容易松动，冷凝器容易受损伤，易产生制冷剂泄漏故障。

2. 汽车空调一般要消耗发动机的动力

大多数汽车空调所需的动力均来自汽车发动机，如轿车、轻型汽车、中小型客车的空调均如此。对于豪华大、中型客车，由于所需制冷量大，一般采用专用的发动机驱动制冷压缩机。在汽车空调领域，将用汽车发动机做动力源的汽车空调称为非独立式空调系统；将用专用发动机做动力源的汽车空调称为独立式空调系统。非独立式空调系统影响汽车的动力性和经济性，使用空调时，一般发动机的输出功率减少 10%～12%，耗油量平均增加 10%～20%。

对于采暖系统，非独立式空调系统一般是利用发动机冷却水的余热来采暖的；而独立式空调系统由于所需要的暖气量大，因此一般采用独立的采暖燃烧器。

3. 汽车空调的制冷、制热能力要求高

汽车的特定工作环境要求汽车空调的制冷、制热能力尽可能地大，其原因如下：

（1）夏天车内乘客密度大，产热量大，热负荷高；冬天人体所需要的热量也大。

（2）为了减轻自重，汽车隔热层一般都很薄，加上汽车门多、面积大，所以汽车隔热性差，热损失多。

（3）乘客乘车时，都希望在最短的时间里使车内达到舒适的温度环境，这就要求汽车空调的夏季制冷能力和冬季制热能力要尽可能好。

（4）汽车通常在室外工作，直接承受太阳的热辐射、霜雪及风雨，环境恶劣，温度

变化大。夏季车内温度特别高，而冬季车内温度又特别低，这也要求汽车空调的夏季制冷能力和冬季制热能力要尽可能好。

4. 制冷效果受发动机工况影响

由于汽车发动机工况变化频繁，制冷系统的制冷剂流量变化很大，对汽车空调的制冷效果有很大影响。

5. 系统结构受汽车本身结构影响

由于汽车本身结构紧凑，空间有限，因此，汽车空调各组成部分的安装位置的局限性很强，零件的形状及安装位置因车而异，不同车型的空调系统，其零部件通用性差，同时给空调系统的检测与维修带来不便。

6. 汽车空调大多采用制冷与取暖分开的方式

汽车空调的取暖方式与室内空调完全不同，非独立式汽车空调取暖一般利用汽车发动机的冷却液实现，而独立式汽车空调系统采用燃油取暖装置实现。

四、汽车空调系统的组成

完善的汽车空调系统一般由制冷系统、采暖系统（又称暖风系统）、通风系统、操纵控制系统及空气净化系统等组成。

1. 制冷系统

制冷系统的作用是对车内或由外部进入车内的新鲜空气进行冷却或除湿，使车内空气变得凉爽舒适。

如图1-4所示，制冷系统主要由压缩机、冷凝器、储液干燥器、膨胀阀（又称节流阀）、蒸发器、管路等组成。

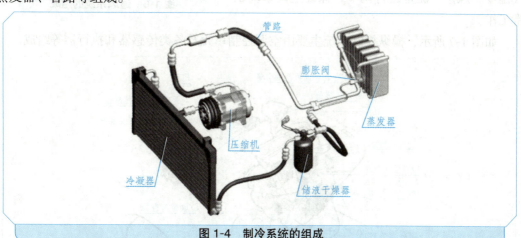

图1-4 制冷系统的组成

2. 采暖系统

采暖系统的作用是对车内或由外部进入车内的新鲜空气进行加热，达到取暖、除霜的目的。

如图1-5所示，采暖系统主要由鼓风机和暖风散热器等组成。

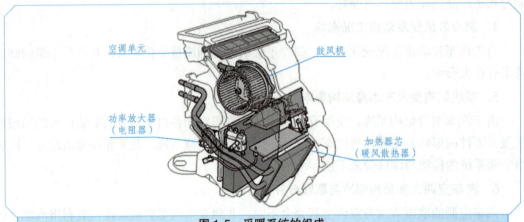

图1-5　采暖系统的组成

3. 通风系统

通风系统的作用是将车外的新鲜空气引入车内，起通风和换气的作用。同时，通风对防止风窗玻璃起雾也起着良好作用。

如图1-6所示，通风系统主要由鼓风机、空气进气口、配气出风口和送风管道等组成。

4. 操纵控制系统

操纵控制系统的作用是对制冷系统、采暖系统及通风系统的工作进行控制，同时对车内的空气温度、风量、流量进行调节，保证空调系统正常工作。

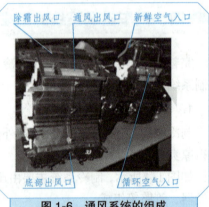

图1-6　通风系统的组成

如图1-7所示，操纵控制系统主要由空调控制单元及各类传感器和执行器等组成。

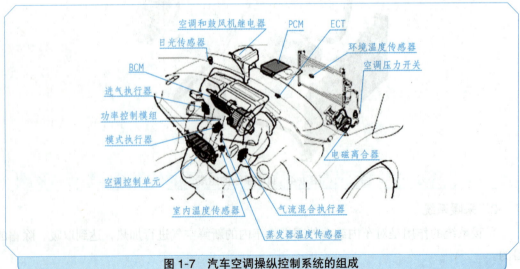

图1-7　汽车空调操纵控制系统的组成

5. 空气净化系统

空气净化系统的作用是对车内空气中的尘埃、异味、烟气进行过滤，保证车内空气清洁。

汽车空调空气净化系统通常有空气过滤式和静电除尘式两种。空气过滤式空气净化系统是在空调系统的进风口和回风口处设置空气滤清装置。它仅能滤除空气中的灰尘和杂物，结构简单，工作可靠，只需定期清理过滤网上的灰尘和杂物即可，故被广泛用于各种汽车空调系统中。静电除尘式空气净化系统则是在空气进口的滤清器后再设置一套静电除尘装置或单独安装一套用于净化车内空气的静电除尘装置。

图1-8所示为静电除尘式空气净化装置示意图。它除具有过滤和吸附烟尘等微小颗粒杂质的作用外，还具有除臭、杀菌作用，有的还能产生负离子，使车内空气更为清新、洁净。

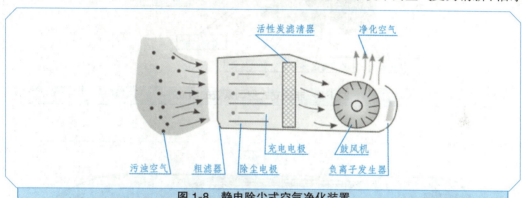

图1-8　静电除尘式空气净化装置

▶ 五、汽车空调系统的分类

1. 按动力源分类

汽车空调按驱动空调压缩机的动力源不同可分为发动机驱动和电驱动两种。电驱动空调系统也称为电动空调，其能量来源于蓄电池或其他车载储能装置，通过电动机驱动空调压缩机。发动机驱动的空调系统的能量来源于发动机，由发动机曲轴通过传动带驱动空调压缩机。发动机驱动的空调系统按驱动方式不同又可分为非独立式空调系统和独立式空调系统。

1）非独立式空调系统

大多数轿车及客车、货车上采用非独立式空调系统。非独立式空调系统驱动空调压缩机的动力来自主发动机。其优点是结构简单，噪声小，便于安装布置；缺点是要消耗发动机10%～15%的动力，降低发动机后备功率，影响汽车的动力性。

尽管如此，由于非独立式空调系统具有成本低、质量可靠等优点，成为现代汽车用空调的主流，其组成如图1-9所示。

2）独立式空调系统

所谓独立式空调系统，就是主发动机驱动汽车前进，专门用一个副发动机带动空调压缩机运转。其优点是制冷与行驶互不影响，制冷量大，制冷效果稳定；缺点是结构复杂，成本高，噪声大，布置难度大。它主要装于大客车上，有的豪华轿车上也有采用。图1-10所示为应用在大客车上的独立式空调系统的布置图。

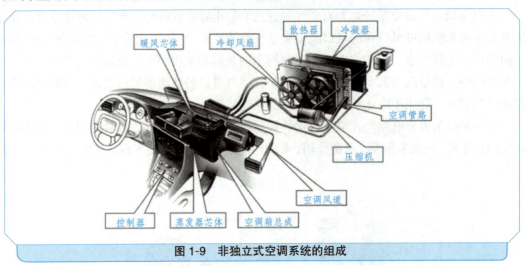

图1-9 非独立式空调系统的组成

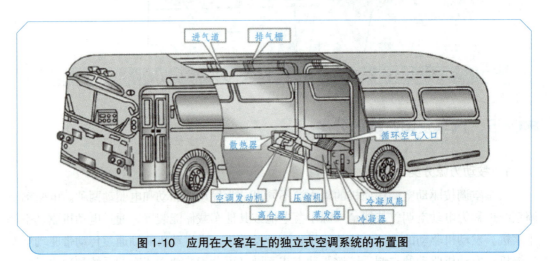

图1-10 应用在大客车上的独立式空调系统的布置图

2. 按布置形式分类

汽车空调按布置形式不同可分为整体式空调、分体式空调、分散式空调。

1）整体式空调

整体式空调是将副发动机、压缩机、冷凝器、蒸发器等通过传动带和管道连成一个整体，安装在一个专门机架上，构成一个独立总成，动力源为副发动机，最终由送风管将冷风送入车内。这种形式主要用于独立式空调系统的布置。

2）分体式空调

分体式空调是将压缩机、冷凝器、蒸发器以及独立式空调系统中的副发动机根据汽车具体结构部分或全部分开布置，用管道相互连接。这种形式主要用于独立式空调系统的布置。

3）分散式空调

分散式空调是将压缩机、冷凝器、蒸发器等各部件分散安装于车上。这种形式主要用于非独立式空调系统的布置。

3. 按送风方式分类

汽车空调按送风方式不同可分为直吹式空调和风道式空调两种。

1）直吹式空调

这种方式的空调气流直接从空调器送风面板吹出，也称仪表板式空调。其结构简单，通风阻力小，但车内送风均匀性差。这种形式主要用于非独立式空调系统。

2）风道式空调

这种方式的空调是将气流用风机送到塑料风道，再由风道送到车顶或座位下的出风口吹出。风道式空调送风均匀，但结构复杂且送风阻力大。这种形式主要用于独立式空调系统。

4. 按功能分类

汽车空调按功能不同可分为冷暖分开型空调、冷暖合一型空调和全功能型空调。

1）冷暖分开型空调

冷暖分开型空调的制冷与取暖功能完全分开，各自独立控制，结构分开布置。这种形式占用空间较多，主要用于早期的汽车空调上，现已淘汰。

2）冷暖合一型空调

冷暖合一型空调在制冷系统的基础上增装了加热器及暖风出口，但制冷与取暖功能不能同时工作。冷暖合一型汽车空调系统系统结构示意图如图 1-11 所示。

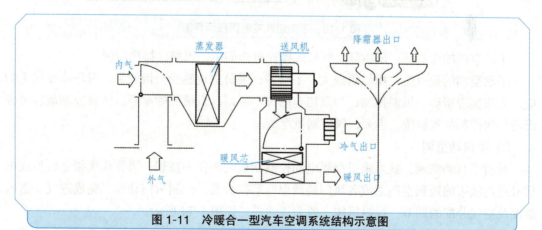

图 1-11　冷暖合一型汽车空调系统结构示意图

3）全功能型空调

全功能型空调集制冷、取暖、除霜、去湿、通风、净化等功能于一体，由于其功能完善，提高了乘员的舒适性，越来越多的汽车空调采用了这种形式。全功能型汽车空调系统结构示意图如图 1-12 所示。

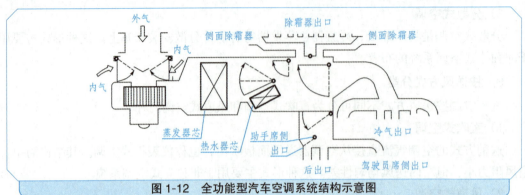

图1-12 全功能型汽车空调系统结构示意图

5. 按控制方式分类

汽车空调按控制方式不同可分为手动空调、半自动空调、自动空调和电控空调。

1）手动空调

在电子控制的手动空调系统中，进气源、空气温度、空气分配及鼓风机转速等功能都是驾驶人操纵手动控制面板的旋钮、按钮和拨杆，借助拉索进行调节的，如图1-13所示。

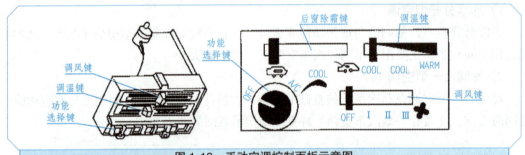

图1-13 手动空调控制面板示意图

手动空调的优点是：成本低，机械式操作机构简单、可靠，操作简便。

手动空调的缺点是：操纵负载大，手感差；乘员主观感受空调效果，对环境变化无响应，无法实现精确、恒温控制；与高档车内饰不协调；机械故障率高，塑料控制盘容易变形而导致控制装置错位、卡死，风门漏风严重。

2）半自动空调

所谓半自动空调，就是乘员操纵电动控制面板的旋钮和按钮，再将操纵指令转换成电信号通过线束输送到空调总成各风门的微型电动执行器，控制风门动作，完成进气、送风温度及空气分配的调节，操纵机构一般为气动式，如图1-14所示。

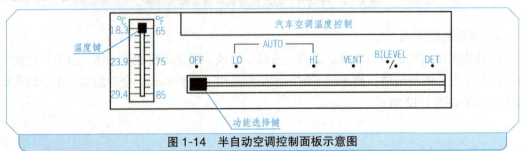

图1-14 半自动空调控制面板示意图

半自动空调的优点是：操纵负载小，手感好；外形简洁、美观，操作简单；独立式电动执行器控制可靠，风门漏风大为改善；成本适中。

半自动空调的缺点是：乘员主观感受空调效果，对环境变化无响应，无法实现精确、恒温控制。

3）自动空调

自动空调就是乘员操作自动控制面板的旋钮或按钮，设定所需的空调温度，由自动空调系统自动监控并调节温度、鼓风机转速和空气分配。自动模式提供最适宜的系统控制，并且不需要手动干预；手动模式允许忽略单个功能的自动运行，以适应个人偏好。自动空调一般用按键控制，操纵机构一般为电控气动式，如图1-15所示。

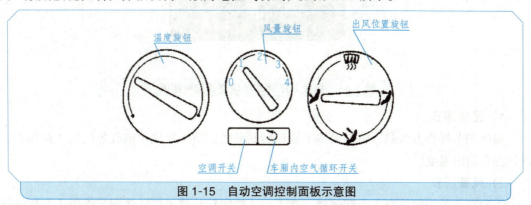

图1-15 自动空调控制面板示意图

自动空调的优点是：智能化恒温控制，空调舒适性好；人性化交互界面，操作和运行可视化；与中控台融合一体，协调、美观；操作负载小，手感好。

自动空调的缺点是：成本高，可维修性差。

4）电控空调

电控空调一般用触摸开关控制，是用微机控制的空调系统，操纵机构一般为电动式，也有少数为电控气动式，如图1-16所示。电控空调由于引入微机控制，其控制精度更高，是空调发展的主流方向。

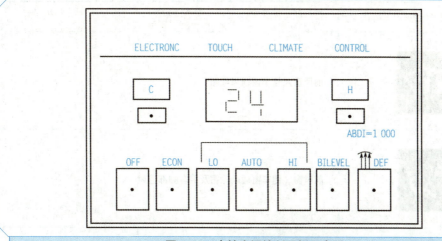

图1-16 电控空调控制面板示意图

六、空调控制面板

1. 手动空调控制面板（标致 207 轿车）

标致 207 轿车手动空调控制面板如图 1-17 所示。

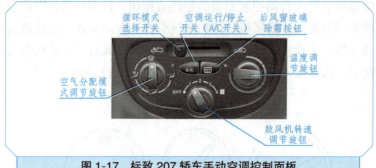

图 1-17　标致 207 轿车手动空调控制面板

1）温度调节

温度调节操作方法是：将温度调节旋钮转到蓝色区域（冷风）或红色区域（热风），以选择合适的温度。

2）风量调节

手动空调的鼓风机有 4 个转速挡，在 1～4 挡间转动鼓风机转速调节旋钮（又称风量调节旋钮），可以获得适宜的风量。

当鼓风机转速调节旋钮置于 OFF 位置时，空调系统不能工作。当空调开启外循环模式时，由于车辆行驶会产生气流流动，因此仍然可能会感觉到微风。

3）空气流向分配调节

空气流向分配调节通过操作空气分配模式调节旋钮进行控制。空气分配模式调节旋钮上的图形标志及其含义见表 1-1。

表 1-1　空气分配模式调节旋钮上的图形标志及其含义

图形标志	含义
	前风窗及侧车窗通风除霜
	前风窗、侧车窗通风除霜及乘客脚部通风

续表

图形标志	含义
	乘客脚部通风。在此位置开启暖风时，最容易让乘客感觉到温暖，因此，天冷时推荐使用此设置。
	中央及侧面通风口。天热时推荐使用此设置

4）空气内外循环调节

空气内外循环调节通过操作循环模式选择开关进行控制。循环模式选择开关上的图形标志及其含义见表 1-2。

表 1-2　循环模式选择开关上的图形标志及其含义

图形标志	含义
	外部空气循环（向左拨控制开关）
	内部空气循环（向右拨控制开关）

外部空气循环可以避免前风窗及侧车窗产生雾气。

内部空气循环可以隔离外部气味及烟尘。使用空调时，选择此位置可以使车内温度快速降低。

应尽可能使用外部空气循环，以避免浊气累积并产生雾气。

5）空调制冷运行/停止

按下空调运行/停止开关（A/C 开关）时，A/C 指示灯点亮，空调系统开始工作。当鼓风机转速调节旋钮位于 OFF 位置时，空调不工作。

6）除霜/除雾

若要进行前风窗和侧车窗除霜/除雾，按下述操作。

（1）将循环模式选择开关置于外部空气循环位置；

（2）将空气分配模式调节旋钮置于前风窗位置；

（3）将温度调节旋钮及鼓风机转速调节旋钮置于最大位置；

（4）关闭中央通风口；

（5）按下 A/C 开关，起动空调。

7）后风窗玻璃除霜

按下后风窗玻璃除霜按钮，后风窗除霜功能开启，相关指示灯亮起。注意，只有在发动机运转时，才能进行后风窗除霜。

除霜会自动停止，以避免电量的过度消耗。在除霜自动停止前，可以按下按钮中止除霜，指示灯熄灭。

如果除霜自动停止前关闭发动机，发动机再次起动后，除霜仍继续进行。

使用后风窗除霜功能会增加电量消耗，从而导致油耗增加，因此在条件许可时，应提前终止除霜功能。

2. 自动空调控制面板（标致 207 轿车）

标致 207 轿车的自动空调面板如图 1-18 所示。

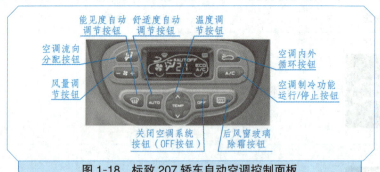

图 1-18　标致 207 轿车自动空调控制面板

1）自动功能

（1）舒适度自动调节。按下舒适度自动调节按钮（AUTO 按钮），系统可根据驾乘人员已经选择的舒适度数值（该数值在显示器上显示，只表示舒适度水平，并不表示温度值），自动调节并优化所有功能，包括座舱内温度、风量、空气流向分配及空气内外循环等。

自动空调系统一年四季可使用，使用空调时，车窗应该关闭。发动机冷态下，为避免大量冷空气吹出，风量会逐步达到最佳状态；天冷时，优先向前风窗、侧车窗及乘客脚部位送暖风。

（2）温度调节。按温度调节按钮的上下箭头（升高/降低），可以修改显示器上所显示的舒适度数值。

一般将数值调节到 21 ℃左右，即可获得最佳舒适度。通常控制在 18～24 ℃。

当进入车内时，如果车内的温度远高于或远低于设置的舒适度水平，不必为了快速升

任务一 汽车空调总体认识

高或降低温度而修改舒适度设定值,系统会自动完成调节。

（3）能见度自动调节。在某些情况下（如潮湿、霜冻及乘客过多等），舒适度自动调节程序不足以快速除去前风窗及侧车窗的霜雾,可以选择能见度自动调节功能。该系统自动调节温度、风量、空气流向分配并以最佳方式吹向前风窗及侧车窗。如要停止,再次按下 AUTO 按钮。

2）手动功能

在自动控制情况下,驾乘人员可单独调节空调系统中的某些设置,其他未调节功能仍然由系统自动管理。

（1）空调制冷功能运行/停止。按下空调制冷功能运行/停止按钮,可关闭空调制冷功能,显示器上出现 ECO 符号。

关闭空调的制冷功能可能会使驾驶舱内产生雾气,影响驾驶人视野。再次按下按钮,空调回到自动运行状态,显示器上出现 A/C 符号。

（2）空气流向分配。逐次按下空气流向分配按钮,可选择空调送风方向：
①前风窗及侧车窗（除雾及除霜）；
②前风窗、侧车窗及乘客脚部；
③乘客脚部；
④中央通风口、两侧通风口及乘客；
⑤脚部；
⑥中央及两侧通风口。

（3）风量调节。按下风量调节"-"按钮,减小风量；按下风量调节"+"按钮,增加风量。

（4）空气内外循环。按下空气内外循环按钮,转换为空气内部循环,内部循环指示灯点亮。再次按下该按钮,转换为空气外部循环。

空气内部循环时,可以隔离驾驶舱外部的异味及烟尘。控制制冷时,选择此位置可以使驾驶舱温度较快下降。

（5）关闭系统。按下关闭空调系统的按钮（OFF 按钮）,可终止所有空调系统功能。

系统关闭后仍会感觉到微风,这是由汽车行驶产生的气流流动造成的。再次按下 OFF、AUTO 或能见度自动调节按钮,重新起动系统,并保持关闭之前的设置。

（6）后风窗玻璃除霜。按下后风窗玻璃除霜按钮,后风窗除霜功能开启,相关指示灯亮起。

【技能学习与考核】

（1）教师为每组学生准备好汽车及其相关技术资料。

（2）小组学生在查阅技术资料的基础上观察整车的空调系统,并完成表 1-3 所示的技能学习工作单。

（3）教师观察学生学习过程,最后审阅学生完成的工作单,给出评价。

表1-3 技能学习工作单

实训项目：___汽车空调总体认识___

班级学号		姓 名	

1. 你所查阅的技术资料有：
_____
_____
_____。

2. 请描述观察的汽车相关信息：
（1）生产厂家：_____。
（2）汽车型号：_____。
（3）汽车的类型：_____。
（4）相关的技术参数：_____。

3. 请描述所观察的汽车空调系统的结构特点：

4. 请记录所观察到的下述装置在整车上的布置位置：
（1）空调压缩机：_____。
（2）空调冷凝器：_____。
（3）储液干燥器：_____。
（4）膨胀阀：_____。
（5）蒸发器：_____。

5. 根据观察，你确定这台汽车的空调系统的类型是_____，你得出这一结论的理由是_____。

6. 自我评价（个人技能掌握程度）：□非常熟练　　□比较熟练　　□一般熟练　　□不熟练

教师评语：（包括工作单填写情况、查阅资料能力、观察的方法、小组协作情况等，并按等级制给出成绩）

实训记录成绩_____　　　　　教师签字：_____　　　　　年　月　日

任务一 汽车空调总体认识

学习检验

一、简答题

（1）简述我国汽车空调发展的三个阶段。

（2）解释：饱和蒸气、饱和压力、饱和温度。

（3）详细说明汽车空调应该具有的五大功能。

（4）完成图1-19中的标注。

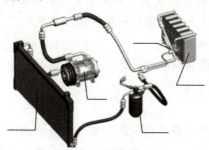

图1-19　制冷系统的组成

（5）说明空调制冷系统、采暖系统、通风系统、操纵控制系统及空气净化系统的作用。

（6）什么是非独立式空调和独立式空调？

（7）解释：冷暖分开型空调、冷暖合一型空调、全功能型空调、手动空调、半自动空调、全自动空调、电控空调。

二、单项选择题

（1）汽车空调发展的第一阶段为单一取暖，发明这一技术的国家是（　　）。

　　A．中国　　　　　　　　　　B．美国

　　C．日本　　　　　　　　　　D．德国

（2）最早将冷暖一体化空调应用于汽车上的公司是（　　）。

　　A．美国通用汽车公司　　　　B．日本五十铃汽车公司

　　C．中国上海大众汽车公司　　D．德国大众汽车公司

（3）人感到舒适的温度是（　　）。

　　A．10 ℃～15 ℃　　　　　　B．15 ℃～18 ℃

　　C．22 ℃～25 ℃　　　　　　D．20 ℃～28 ℃

（4）夏季车内外温差宜保持在（　　）。

　　A．1 ℃～3 ℃　　　　　　　B．5 ℃～7 ℃

　　C．7 ℃～10 ℃　　　　　　 D．20 ℃～28 ℃

课题一 汽车空调总体认识

（5）使用汽车空调时，一般发动机的输出功率减少10%～12%，耗油量平均增加（　　）。

　　A．5%～10%　　　　　　　　　　B．10%～20%

　　C．20%～30%　　　　　　　　　　D．20%～25%

（6）下列选项中，（　　）不是汽车空调要求制冷、制热能力大的原因。

　　A．车内空间大

　　B．汽车门多

　　C．隔热层一般都很薄

　　D．乘客希望在最短的时间里使车内达到舒适的温度环境

（7）下列选项中，（　　）不是空调所包含的子系统。

　　A．制冷系统　　B．采暖系统　　　　C．通风系统　　　　D．除霜系统

（8）电控气动式操纵机构一般应用于（　　）空调系统中。

　　A．手动　　　　B．半自动　　　　　C．全自动　　　　　D．电控

三、判断题

（　　）（1）相对湿度表示每立方米的湿空气中含有的水蒸气的质量，单位是kg/m^3。

（　　）（2）对于采暖系统，独立式空调系统的采暖一般是利用发动机冷却水的余热来采暖的。

（　　）（3）目前轿车上普遍采用非独立式空调。

（　　）（4）目前轿车上普遍采用分体式空调。

（　　）（5）目前轿车上普遍采用风道式空调。

课题二　汽车空调制冷系统的维修

任务二　制冷系统的拆装

●【任务分析】

不同的车型，空调系统的组成、结构是不同的。汽车维修技师必须能够在充分熟悉所修车型空调系统结构的基础上，正确地完成空调制冷系统主要装置的拆卸与安装，为接下来的空调维修工作奠定技能基础。

本学习任务主要学习空调制冷装置的拆卸与安装。

●【学习目标】

（1）能够正确描述汽车空调制冷的基本原理；
（2）能够正确描述汽车空调制冷系统的工作原理；
（3）能够正确描述汽车空调制冷系统的组成与布置；
（4）能够进行汽车空调制冷系统主要装置的拆卸与安装；
（5）能够注意培养良好的安全、环保、卫生习惯与团队协作的职业素养；
（6）能够注重培养科技兴国的理念。

●【相关知识学习】

➡ 一、汽车空调制冷的基本原理

1. 制冷循环的形成

如果从密闭容器上开口，引出密闭容器上部自由空间的水蒸气，如图2-1所示，将出现什么现象？首先，气、液两相的动态平衡被打破。密闭容器上部自由空间的水分子数减少，压力减小，液体将蒸发出更多的水分子以弥补抽出的水分子，以期维持原有的动态平衡；其次，液体蒸发需要热量，容器内液体蒸发将从其本身和容器周围的空气中吸取热量。当密闭容器上部的气体被源源不断地抽出时，密闭容器下部的液体就将源源不断地汽化，

将从容器里的其他液体和容器周围的空气中源源不断地吸取热量 Q，因此，容器里的液体温度和容器周围的空气温度将降低，直至达到一个新的动态平衡，低温就这样产生了，如图 2-2 所示。

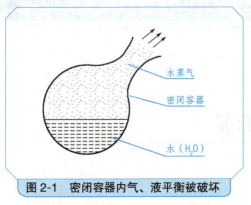

图 2-1　密闭容器内气、液平衡被破坏

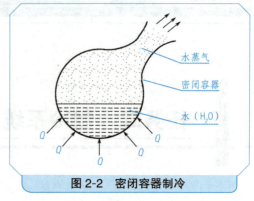

图 2-2　密闭容器制冷

制冷原理中，该密闭容器称为蒸发器。生活中，家用空调器的室内机即为蒸发器，汽车空调的蒸发器通常被放置在发动机舱中。蒸发器内的液体称为制冷剂，也称制冷工质或冷媒，可以是 H_2O、NH_3、R12、R134a 等。蒸发器外被降温的空气称为被冷却对象。室内、车厢内空气均属于被冷却对象。

蒸发器是热交换设备，其作用是将蒸发器外的被冷却对象的热量传递给蒸发器内的制冷剂，制冷剂（在低温低压下）相变吸热而使被冷却对象的温度降低。

从蒸发器内源源不断地抽出制冷剂气体的装置称为制冷压缩机，其作用之一就是不断地将完成了吸热过程而汽化的制冷剂蒸气从蒸发器中抽吸出来，使蒸发器维持低压状态，便于蒸发吸热过程能连续不断地进行下去。根据饱和压力与饱和温度一一对应的关系，当蒸发器内制冷剂的压力降低时，蒸发器内制冷剂的温度也随着降低。例如，对于 H_2O，当它的饱和压力 $P=873.8$ Pa 时，饱和温度 $t=5$ ℃，可用于空调降温。

如图 2-3 所示，连接制冷压缩机、蒸发器即可产生制冷效果。但要其维持持续稳定的制冷将是困难的，因为蒸发器需要不断补充制冷剂。另外该装置的制冷剂蒸气直接散发到大气中，不能再回收利用，既不经济又不环保。若设置适当的装置形成一个制冷循环，不仅可以回收利用制冷剂蒸气，而且还可以通过控制蒸发压力，获得所需要的各种蒸发温度，维持持续稳定的制冷。通过对图 2-3 的分析，形成一个制冷循环，似乎只需要把制冷压缩机抽出的气体液化后送回蒸发器即可。

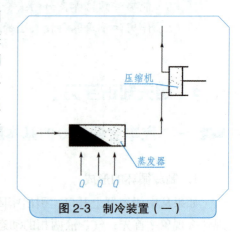

图 2-3　制冷装置（一）

以家用空调为例，要维持空调房间的室温为 25 ℃，需要将蒸发器内制冷剂液体汽化温度控制在 5 ℃左右，方可将室内产生的热量带走。当蒸发器内制冷剂液体汽化温度为 5 ℃时，对应的吸热汽化出来的制冷剂蒸气温度也同样为 5 ℃，即此时制冷压缩机抽取了 5 ℃低温的制冷剂蒸气。5 ℃的制冷剂蒸气要液化，用常规冷凝方法将需要 0 ℃左右温度的冷却介质才能将其冷凝，这显然是不可行的。

用于冷凝制冷剂蒸气的冷却介质，通常要求价廉、易得、无污染。生活中的环境介质，如空气或水均符合要求。然而夏季环境介质空气或水通常为常温，如用做冷却介质，将要求制冷剂蒸气的温度高于它，即必须使 5 ℃左右的制冷剂蒸气升温到常温以上。

根据饱和压力与饱和温度一一对应的原理（饱和压力降低，饱和温度也将降低；饱和压力升高，饱和温度也将升高），将制冷压缩机抽出的低温低压的制冷剂蒸气进行压缩，给它一个能量，使低温低压的制冷剂蒸气增压，从而提高制冷剂蒸气的温度，再送往冷凝器去冷凝。例如，家用空调所采用制冷剂为 R134a，当其温度 $t=5$ ℃时，它对应的压力 $P=349.96$ kPa，而当其压力升高至 $P=1\ 680.47$ kPa 时，温度将达到 $t=60$ ℃，此时，环境介质空气和水完全能够成为冷却介质，对 R134a 制冷剂蒸气进行冷凝，如图 2-4 所示。这样，即可实现将车厢内的热量（Q_0）通过蒸发器吸收而又通过冷凝器转移到环境介质（Q_k）中，从而达到了使车厢内降温的目的。

制冷压缩机除了及时抽出蒸发器内蒸气维持低温低压外，其作用之二就是通过压缩作用提高制冷剂蒸气的压力和温度，创造将制冷剂蒸气的热量向

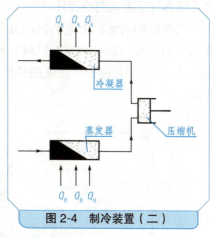

图 2-4　制冷装置（二）

外界环境介质（空气或水）转移的条件，即将低温低压制冷剂蒸气压缩至高温高压状态，以便介质能用常温的空气或水作为冷却介质来冷凝制冷剂蒸气。

冷凝器也是热交换设备，其作用是利用环境冷却介质空气或水，将来自制冷压缩机的高温高压制冷剂蒸气的热量带走，使高温高压制冷剂蒸气冷却，冷凝成高压常温的制冷剂液体。注意，冷凝器内制冷剂蒸气冷凝为制冷剂液体的过程中，压力不变且为高压。

高压常温的制冷剂液体不能直接送入低温低压的蒸发器，此时需要再一次利用饱和压力与饱和温度一一对应的原理，降低制冷剂液体的压力，从而降低制冷剂液体的温度，即将高压常温的制冷剂液体通过降压装置——膨胀阀，得到低温低压制冷剂湿蒸气（气液混合），再送入蒸发器吸热蒸发，从而完成了一个制冷循环。生活中的冰箱、空调均采用这种制冷循环，只是用细长的毛细管替代了膨胀阀。

2．单级蒸气压缩式制冷循环

利用液体在低温低压下连续地汽化吸热能够产生一个持续的低温环境的原理而形成的制冷循环如图 2-5 所示。这种制冷循环只进行了一次压缩且压缩的是蒸气，称为单级蒸气压缩式制冷循环。

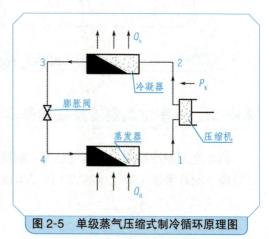

图 2-5　单级蒸气压缩式制冷循环原理图

单级蒸气压缩式制冷循环通常由压缩机、冷凝器、膨胀阀和蒸发器组成。

单级蒸气压缩式制冷循环的循环实质是输入机械能把热量 Q_0 从低温环境（被冷却对象）传递到环境介质，环境介质（空气或水）得到热量 Q_k。热力学认为这是一个非自发过程。

单级蒸气压缩式制冷循环的工作过程是，蒸发器内制冷剂在蒸发压力 p_0、蒸发温度 t_0 下汽化，从被冷却对象中吸取热量 Q_0 实现制冷。汽化后的低温低压的制冷剂蒸气被压缩机及时抽出并压缩至冷凝压力 P_k，送入冷凝器。高温高压制冷剂蒸气在冷凝器内把热量 Q_k 传递给环境冷却介质，首先被冷却然后被冷凝为高压常温的制冷剂液体。该液体通过节流降压装置——膨胀阀降压降温为湿蒸气进入蒸发器，准备再次吸热汽化，从而完成一个单级蒸气压缩式制冷循环。

汽车空调通常由上述的制冷循环系统和一个空气循环系统构成。为了方便地进行制冷系统的故障诊断，在压缩机吸、排气管段上预留工作阀接口，故障诊断时，接上歧管压力计组，分别检测制冷系统的高低压力是否正常，从而辅助判定制冷系统故障，如图2-6所示。

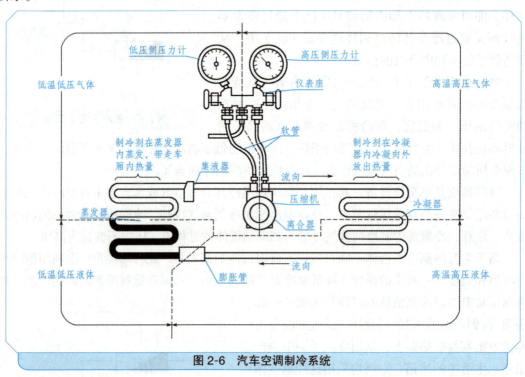

图 2-6 汽车空调制冷系统

▶ 二、汽车空调制冷系统的基本原理

汽车空调制冷系统采用蒸气压缩式制冷方式，即利用液态制冷剂汽化时吸热来产生制冷效应。制冷系统（蒸气压缩式）的基本原理如图2-7所示。

任务二 制冷系统的拆装

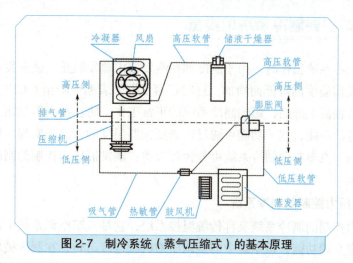

图2-7 制冷系统（蒸气压缩式）的基本原理

汽车制冷系统工作时，发动机驱动空调压缩机工作，在空调压缩机作用下，制冷剂在制冷系统内进行循环，其工作过程如下：

（1）低温低压的液态制冷剂在蒸发器内定压汽化，由于制冷剂的汽化吸热，使流经蒸发器外部的空气温度降低，低温空气通过鼓风机送入车内，从而使车内空气温度下降。

（2）汽化后的制冷剂蒸气被压缩机吸入并进行压缩，变成高温高压的制冷剂蒸气，并送往冷凝器。

（3）由于进入冷凝器的高温高压蒸气温度高于车外大气温度，其部分热量可自发地传递给车外空气。同时，借助冷凝器风扇的作用，提高对制冷剂蒸气的冷却强度，以便使制冷剂温度降到其沸点以下，从而使高温高压的制冷剂蒸气在冷凝器内变为中温高压的液态制冷剂。

（4）中温高压的液态制冷剂流经储液干燥器时，制冷剂中的杂质被过滤，水分被吸收，并在储液干燥器中储存少量制冷剂。

（5）清洁、干燥的液态制冷剂流至膨胀阀，流过膨胀阀的中温高压液态制冷剂，其温度和压力迅速降低，重新变为低温低压的液态制冷剂，从而完成一个制冷循环。在空调压缩机的作用下，制冷循环周而复始地进行，就可使车内空气温度逐渐降低。

25

三、汽车空调制冷系统的类型

汽车空调制冷系统工作时，由于制冷剂在蒸发器内蒸发吸热，使蒸发器周围空气中的相对湿度随蒸发器温度的降低而增加，这时若蒸发器外表温度降至0℃以下，蒸发器外表凝结的水分将结霜甚至冻结，影响制冷系统的正常工作。防止蒸发器结霜，是汽车空调制冷系统必须具备的功能，这一功能可通过控制蒸发器温度的方法来实现。根据控制蒸发器温度的方法不同，汽车空调制冷系统可分为两大类：蒸发器压力控制的制冷系统和离合器控制的制冷系统。

1. 蒸发器压力控制的制冷系统

蒸发器压力控制的制冷系统又称传统温控系统，它是汽车空调系统中最早采用的制冷系统。只要选定空调功能，该系统中的空调压缩机就连续运转，在制冷循环中，通过节流来控制压缩机排量，以控制蒸发器内制冷剂的蒸发压力，使蒸发压力保持在0℃对应的饱和压力，从而达到防止蒸发器结霜的目的。根据蒸发压力控制装置的结构不同，蒸发器压力控制的制冷系统又可分为吸气节流阀（STV）制冷系统、先导阀操纵的绝对吸气节流阀（POASTV）制冷系统和罐中阀（VIR）制冷系统。

1）吸气节流阀制冷系统

如图2-8所示，系统工作时，压缩机将制冷剂压缩后先送到冷凝器冷却，然后经过储液干燥器干燥、过滤，经膨胀阀的节流降压后，再进入蒸发器吸热蒸发，最后由蒸发器出来的低压蒸气经过吸气节流阀后，回到压缩机。在制冷循环中，利用膨胀阀和吸气节流阀联合控制进入蒸发器的制冷剂流量，从而使蒸发压力控制在某一设定值范围（一般为0.215～0.891 MPa）内，以保证蒸发器表面不结霜。

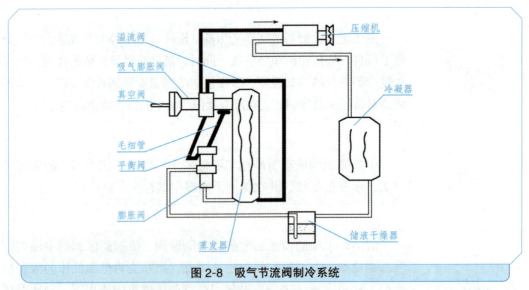

图2-8　吸气节流阀制冷系统

膨胀阀安装在蒸发器进口处，膨胀阀的感温包安装在蒸发器出口处，感温包感测的蒸发器出口处的制冷剂温度不同，膨胀阀开度随之改变，从而控制进入蒸发器的制冷剂流量，随着温度的升高，制冷剂流量增大。

吸气节流阀安装在蒸发器出口与压缩机进口之间。当蒸发器温度下降到 0℃时，吸气节流阀自动关小蒸发器出口，减小压缩机的排量，从而控制蒸发器内的蒸发压力和温度，防止蒸发器结霜。

2）先导阀操纵的绝对吸气节流阀制冷系统

该系统工作原理与吸气节流阀制冷系统基本相同，只是用 POASTV 阀取代了 STV 阀，如图 2-9 所示。

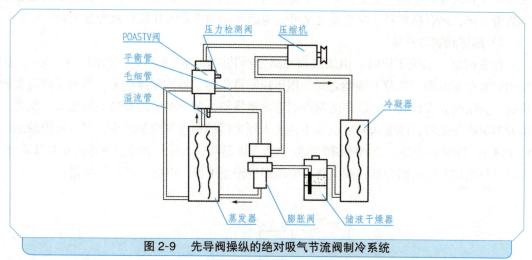

图 2-9　先导阀操纵的绝对吸气节流阀制冷系统

POASTV 阀安装在蒸发器出口与压缩机进口之间，用来控制压缩机的排量，以实现对蒸发器内的蒸发压力和温度的控制。POASTV 阀将蒸发压力控制在 0.298 MPa 以上，此时对应的蒸发温度约为 -1 ℃，蒸发器外表温度约为 0 ℃，从而可防止蒸发器结霜。

POASTV 阀开有一个小孔，其作用是当 POASTV 阀关闭气流的主通口后，由此小孔输送一些气体到压缩机，以避免压缩机做真空泵运动而损失过多能量。

在蒸发器底部与 POASTV 阀之间接有溢流管，其作用是使积存在蒸发器底部的冷冻机油回到压缩机。清除积存在蒸发器内的冷冻机油，可提高系统的制冷能力。

3）罐中阀制冷系统

1978 年，美国通用汽车公司发明了一种罐中阀，即将储液干燥器、膨胀阀、POASTV 阀集中安装在一罐中，只有一个进口接头和一个出口接头，克服了 STV 制冷系统和 POASTV 制冷系统接头较多的缺点，有效地减少了制冷剂泄漏故障，同时也减少了安装、维护的工作量。

罐中阀（VIR）制冷系统在中、高级轿车上应用广泛，其工作原理如图 2-10 所示。从压缩机出来的高温制冷剂蒸气经过冷凝器液化后，进入 VIR 阀，经节流降压后进入蒸发器，在蒸发器中蒸发吸热成为低压蒸气，再进入 VIR 阀。VIR 阀对制冷剂的蒸发压力进行控制，

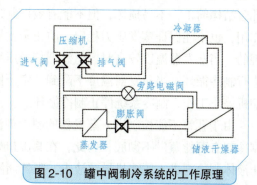

图 2-10　罐中阀制冷系统的工作原理

然后制冷剂再从 VIR 阀出来到压缩机，完成一个制冷循环。

2. 离合器控制的制冷系统

离合器控制的制冷系统一般用在经济型中级轿车上，与蒸发器压力控制的制冷系统相比，最大的区别就是空调压缩机是间歇工作的。制冷系统工作时，利用离合器控制压缩机是否工作，以此控制蒸发器的温度，防止蒸发器结霜。而控制压缩机的电磁离合器接合或断开，受安装在其电路中的恒温器（压力开关或热敏开关）控制。根据系统安装的膨胀节流装置不同，离合器控制的制冷系统又可分为膨胀阀制冷系统和孔管制冷系统。

1）膨胀阀制冷系统

膨胀阀制冷系统工作时，由膨胀阀和离合器共同控制蒸发压力，如图 2-11 所示。膨胀阀安装在蒸发器与储液干燥器之间，用于控制进入蒸发器的制冷剂量。当蒸发器温度较高时，膨胀阀开度较大，有较多的制冷剂进入蒸发器，制冷系统的制冷量也较大；反之，蒸发器温度较低时，膨胀阀开度也较小，进入蒸发器的制冷剂流量减少，制冷系统的制冷量也减小。同时在电磁离合器线圈的电路中装有恒温器，当蒸发器温度下降到 0 ℃ 以下时，恒温器自动切断电磁离合器线圈电路，使压缩机停止工作，以防止蒸发器结霜。

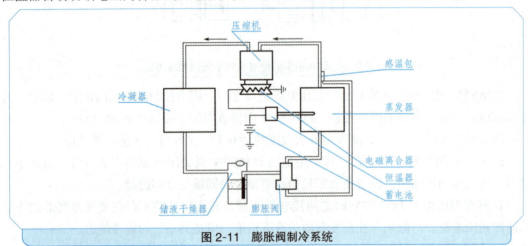

图 2-11　膨胀阀制冷系统

2）孔管制冷系统

孔管（CCOT）制冷系统于 1974 年由美国通用汽车公司发明，该系统的工作原理与膨胀阀制冷系统基本相同，但用简单的节流孔管取代了复杂的膨胀阀，如图 2-12 所示。孔管结构简单，不易损坏，但不能有效控制进入蒸发器的制冷剂流量，只能起到节流降压作用，也不能保证蒸发压力稳定。防止蒸发器结霜，也是由恒温器控制压缩机的工作来实现的。当蒸发器温度较高时，恒温器接通压缩机电磁离合器电路，压缩机工作，制冷系统进行制冷循环；当蒸发器温度下降到一定范围时，恒温器断开压缩机电磁离合器电路，压缩机停止工作，制冷系统停止制冷循环。

由于孔管不能控制进入蒸发器的制冷剂流量，因此当压缩机高速运转时，蒸发器内的制冷剂有可能蒸发不彻底，为此，在其出口处安装了吸气储液器，使制冷剂气液分离，防止液体制冷剂进入压缩机导致液击。吸气储液器具有储液干燥器的一般功能。

任务二　制冷系统的拆装

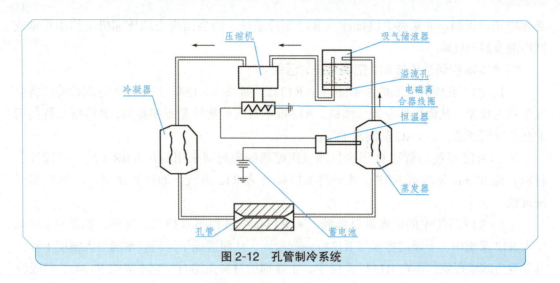

图 2-12　孔管制冷系统

四、制冷剂与冷冻油

1. 制冷剂

在制冷系统中用于转换热量并且循环流动的物质称为制冷剂，也称为冷媒或雪种。目前汽车空调制冷系统使用的制冷剂通常有 R12 和 R134a 两种，其中，英文字母 R 是 Refrigerant（制冷剂）的简称，其数字代号使用的是美国制冷工程师协会（ASRE）编制的代号系统。

制冷剂的种类很多，理论上只要能进行气液两相转换的物质，均可作为制冷系统的制冷剂。但寻找制冷效率高，且对环境没有污染的制冷剂很困难，目前使用的 R134a 只是 R12 的替代品，其排放物产生的温室效应仍然对环境有较大的危害。如图 2-13 所示，R134a 通常装于一次性罐内，通常每罐包装量为 300 g。

图 2-13　R134a 包装罐

长期以来，汽车空调系统大多采用 R12 作为制冷剂。R12 因泄漏而进入大气会破坏地球的臭氧层，危害人类的健康和生存环境，引起地球的温室效应。1987 年，国际上制定了控制破坏大气层的蒙特利尔协议。我国于 1991 年加入该协议，并从 1996 年起，汽车空调的制冷剂开始使用 R134a，到 2000 年全部使用 R134a。

> **寄语**
>
> 我国的"青山绿水"工程，也是为世界环境保护做贡献。

1）R134a 的特性

R134a 制冷剂是卤代烃类制冷剂中的一种，R134a 制冷剂与 R12 制冷剂相比，其热力学性能，包括分子量、沸点、临界参数、饱和蒸气压和汽化潜热等，均与 R12 相近，具有无色、无臭、不燃烧、不爆炸，基本无毒的特性。

但是，采用 R134a 制冷剂的汽车空调制冷系统在结构与材料方面，还是与 R12 空调系统有很大区别的，两种制冷系统中的制冷剂是不能互换使用的。这一点，汽车维修人员

29

必须牢记；否则，如果将R134a注入R12制冷系统，将会出现空调压缩机工作不正常或制冷剂泄漏等故障。

2）R134a空调系统与R12空调系统的区别

（1）R12系统的冷冻机油不能溶于R134a。如果将R134a注入R12空调系统，将会发生液击现象，从而损坏空调压缩机。R134a本身与矿物油是不相容的，R134a系统使用的是合成润滑油，如PAG类润滑油等。

（2）R12系统的管道O形密封圈及压缩机的密封圈采用的是NBR（硝二烯橡胶）材料，而R134a能溶解NBR，如果将R134a注入R12系统，制冷系统将发生制冷剂泄漏现象。

（3）R12系统中的干燥剂是硅胶，而R134a的极性与水相似。这样，如果将R134a注入R12系统中，干燥剂将水与R134a一起吸入，从而造成干燥剂吸水能力大幅度下降，容易发生冰堵现象。而在R134a系统中，干燥剂的材料是沸石，它不吸收R134a，只吸收水分。

（4）大负荷时，R134a系统的压力比R12系统的压力高，这样R134a系统的压缩机的功率大。系统的压力控制参数不同。

（5）为避免将制冷剂R134a与R12加错，R134a系统的维修阀与R12系统的维修阀不同，R134a系统的维修阀采用的是快速接头，以方便维修操作。同时，汽车发动机舱内有明显的标志，用来提醒汽车维修人员该车制冷系统所采用制冷剂的种类。

（6）在R12系统中，设置有易熔塞，当制冷剂的温度上升到规定值时，易熔塞熔化，制冷剂释放到大气中，以此保护制冷系统。在R134a系统中，用一个压力安全阀取代了易熔塞，这样更有利于环境保护。

3）使用制冷剂时的注意事项

（1）装制冷剂的钢瓶，应储存在阴凉、干燥、通风的库房中，防止受潮而腐蚀钢瓶，在运输过程中要严防振动和撞击。

（2）要远离热源，不要把它存放在日光直射的场所。在给汽车空调系统中加注制冷剂时，为提高加注效率，可对装制冷剂的容器加热，加热应在40℃以下的温水中进行，而不可将其直接放在火上烘烤；否则，会引起内储的制冷剂压力增大，导致容器发生爆炸。

（3）避免接触皮肤。因制冷剂在大气环境下会急剧蒸发，当其液体落到皮肤上时，会从皮肤上大量吸热而汽化，造成局部冻伤。尤其危险的是，当其进入眼球时，会冻结眼球中的水分，就有可能造成失明的重大事故。因此，在处理制冷剂时，应戴上眼镜和防护手套。当制冷剂接触皮肤或眼睛时，应立即用大量清水冲洗。

（4）要避开明火。制冷剂不会燃烧和爆炸，但与明火接触时，会分解出对人体有害的气体。

（5）要注意通风良好。当制冷剂排到大气中含量超过一定量时，会使大气中的氧气浓度下降，而使人窒息。因此，维修汽车空调制冷系统管路时，要在通风良好的地方进行操作。

4）制冷剂的加入量

在安装新的空调制冷系统或对空调制冷系统中的重要部件进行更换维修后，需要进行制冷剂的重新加注。制冷剂加注量过少会导致制冷不足，而加注量过多同样影响制冷效果。制冷剂加注量通常与空调压缩机型号有关，一般轿车空调系统制冷剂的加注量为 500～600 g。

2．冷冻油

1）冷冻油的作用和特性

冷冻机油简称冷冻油，是制冷压缩机的专用润滑油，用于保证压缩机正常运转、可靠工作和延长使用寿命。冷冻油的作用如下：

（1）润滑作用。压缩机是高速运动的机器，轴承、活塞、活塞环、曲轴、连杆等机件表面需要润滑，以减少阻力和磨损，延长使用寿命，降低功耗，提高制冷能力。

（2）密封作用。汽车使用的压缩机传动轴需要油封来密封，防止制冷剂泄漏。有润滑油，油封才起密封作用。同时，活塞环上的润滑油不仅起减摩作用，而且起密封压缩机蒸气的作用。

（3）冷却作用。运动的摩擦表面会产生高温，需要用冷冻油来冷却。冷冻油冷却不足，会引起压缩机温度过热，排气压力过高，降低制冷能力，甚至烧坏压缩机。

（4）降低压缩机噪声。

2）对冷冻油的性能要求

冷冻油在空调制冷系统中完全溶于制冷剂中，并随制冷剂一起在制冷系统中循环。因此，冷冻油工作在高温与低温交替的条件下。为保证其工作正常，对冷冻油提出以下性能要求。

（1）冷冻油的凝固点要低，在低温下具有良好的流动性。若低温流动性差，则冷冻油会沉积在蒸发器内影响制冷能力，或凝结在压缩机底部，失去润滑作用而损坏运动部件。

（2）冷冻油的黏度受温度的影响要小。温度升高或降低时，其黏度随之变小或增大。与冷冻油完全互溶的制冷剂会使冷冻油变稀，因此应选用黏度较高的冷冻油；但黏度也不宜过高，否则，需要的起动转矩增大，压缩机起动困难。

课题二 汽车空调制冷系统的维修

（3）冷冻油与制冷剂的溶解性能要好。在汽车空调制冷系统中，制冷剂与冷冻油是混合在一起的。当制冷剂流动时，冷冻油也随之流动，这就要求制冷剂与冷冻油能够互溶。若二者不互溶，冷冻油就会聚集在冷凝器和蒸发器的底部，阻碍制冷剂流动，降低换热能力。由于冷冻油不能随制冷剂返回压缩机，压缩机将会因缺油而加剧磨损。

（4）冷冻油要具有较高的热稳定性，即在高温下不氧化、不分解、不结胶、不积炭。

（5）冷冻油应无水分。若冷冻油中的水分过多，则会在膨胀阀节流口处结冰，造成冰堵，影响系统制冷剂的流动。同时，油中的水分会使冷冻油变质分解，腐蚀压缩机材料。

3）冷冻油的牌号

按黏度不同，国产冷冻油牌号有13号、18号、25号和30号四种，牌号越大，其黏度也越大。进口冷冻油有SUNISO 3GS、SUNISO 4GS、SUNISO 5GS三种牌号。目前，汽车空调制冷系统通常选用国产18号和25号冷冻油，或进口SUNISO 5GS冷冻油。

4）冷冻油的使用注意事项

（1）必须严格使用原车空调压缩机所规定的冷冻油牌号，或换用具有同等性能的冷冻油，不得使用其他油来代替，否则会损坏压缩机。

（2）冷冻油吸收潮气能力极强，所以，在加注或更换冷冻油时，操作必须迅速，如没有准备好，不能立刻加油时，不得打开油罐，在加注完后应立即将油罐的盖子封紧储存，不得有渗透现象。

（3）不能使用变质的冷冻油。冷冻油变质的原因是多方面的，归纳起来有以下几方面。

①混入水分后，在氧气作用下会生成一种油酸性质的酸性物质，腐蚀金属零部件。这种油酸物质是絮状物质。

②高温氧化，当压缩温度过高时，油被氧化分解而炭化变黑。

③不同牌号的油混合使用时，由于不同牌号的冷冻油所加的抗氧化剂不同而产生化学反应，引起变质。

（4）冷冻油会妨碍热交换器的换热效果，所以，在使用时只允许加到规定的用量，绝不允许过量使用，以免降低制冷效果。

（5）在排放制冷剂时要缓缓进行，以免冷冻油和制冷剂一起喷出。

5）冷冻油的加注量

汽车空调冷冻油通常包装于塑料瓶内，如图2-14所示，有质量标注（g）或容量标注（mL），规格有70 g、100 mL不等。

空调系统中的冷冻油与制冷剂一起在整个系统中循环。更换任何元件或发生大量制冷剂泄漏后，都应向系统中添加冷冻油。

将压缩机中的润滑剂保持在规定值非常重要，如果润滑剂不足，就可能导致压缩机卡死；如果润滑剂过量，可能导致制冷能力不足。

首次起动空调前，空调压缩机油底壳中的冷冻油在制冷剂循环回路中的分配比例通常如下：空调压缩机中约50%，冷凝器中约10%，管道中约10%，蒸发器中约20%，储液罐中约10%。

在空调系统的不同部位，冷冻油的添加量是不同的，加注时务必查阅相关手册。

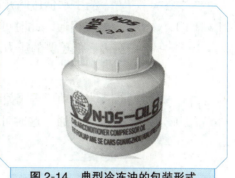

图 2-14　典型冷冻油的包装形式

五、汽车空调专用维修工具

对于汽车空调的保养、检查、维修，需要掌握配套的专用工具与设备的使用方法，才能准确而迅速地进行相关作业，提高工作质量。这些工具与设备包括歧管压力计、真空泵、检漏仪器、制冷剂注入阀等。

1. 歧管压力计

歧管压力计也称歧管压力表，其结构如图2-15所示。它是由高低压表、高低压阀门开关手轮、接红色软管通高压侧的高压表管接头、接黄（或绿）色软管用于抽真空和加注制冷剂的中间管接头、接蓝色软管通低压侧的低压表管接头组成。

歧管压力计是维修汽车空调制冷系统必不可少的重要工具，它与制冷系统相接可进行抽真空、加注制冷剂及诊断制冷系统故障等操作。

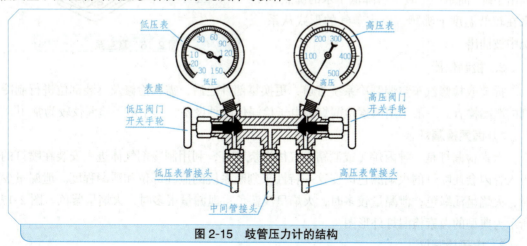

图 2-15　歧管压力计的结构

歧管压力计具有如下功能：

（1）当手动低压阀开启、手动高压阀关闭时，低压管路与中间管路、低压表相通，此时可从低压侧加注制冷剂或排放制冷剂，并同时检测高、低压侧的压力。

（2）当手动低压阀关闭、手动高压阀开启时，高压管路与中间管路、高压表相通，这时可从高压侧加注制冷剂，并同时检测高、低压侧的压力。

（3）当手动高、低压阀均关闭时，可检测高、低压侧的压力。

（4）当手动高、低压阀均开启时，可加注制冷剂、抽真空，并检测高、低压侧的压力。

2. 真空泵

如图 2-16 所示，真空泵用于制冷系统抽真空，排除系统内的空气和水分。因为安装、检修空调制冷系统时，会有一定量的空气进入制冷系统，空气中含有的水蒸气会使制冷系统的膨胀阀冰堵、冷凝压力升高、系统零部件发生腐蚀，所以，在加注新制冷剂之前，必须对制冷系统抽真空。抽真空并不能将水抽出系统，而是产生真空后降低了水的沸点，水在较低温度下沸腾，以水蒸气的形式从系统中被抽出。

图 2-16 真空泵

3. 检漏仪器

拆装或检修汽车空调制冷系统管道，更换零部件之后，需在检修及拆装部位进行制冷剂的泄漏检查。一般采用卤素检漏灯和电子检漏仪两种设备，其中电子检漏仪较为常用。

1）卤素检漏灯

卤素检漏灯是一种丙烷（或酒精）气体燃烧喷灯，利用制冷剂气体进入安装在喷灯的吸入管内会使喷灯的火焰颜色改变这一特性来判断系统的泄漏部位和泄漏程度。泄漏量少时，火焰呈浅绿色；泄漏量较多时，火焰呈浅蓝色；泄漏量很多时，火焰呈紫色。图 2-17 所示为典型的卤素检漏灯外形图。

2）电子检漏仪

电子检漏仪是利用电化学原理制成的用来检查制冷系统中制冷剂是否泄漏，确定泄漏部位的仪器。典型的电子检漏仪外形如图 2-18 所示。

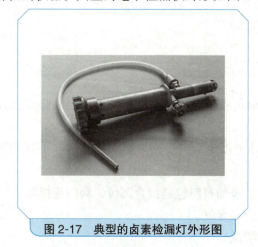

图 2-17　典型的卤素检漏灯外形图

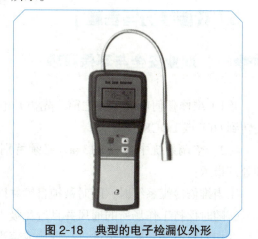

图 2-18　典型的电子检漏仪外形

3）紫外线荧光系统

紫外线荧光系统采用荧光法检测制冷剂是否泄漏，即将一种荧光色彩染料注入空调系统中，使之循环流动，使一盏特制的紫外线灯经过空调系统各个元器件。如果产生明显的泄漏，色彩染料就会发出明亮的光。这种方法对检测微小的泄漏非常准确。图 2-19 所示为利用荧光法检查到蒸发器处有制冷剂泄漏。

4）制冷剂染料

制冷剂通用染料为红色，由加注口将染料充注到空调系统中。起动空调系统，如果有泄漏，红色的染料就会出现在接头或元器件的周围。这种方法也适用于检测微小的泄漏，但会在空调系统中留下较多的剩余物。在系统中加注染料后最好保持一周左右的时间，因为如果系统的泄漏不明显，染料显现就会需较长的时间。

4. 制冷剂注入阀

为了便于维修汽车空调和携带方便，制冷剂厂商制造了一种小罐制冷剂，要把小罐中的制冷剂加到制冷回路中去，要用制冷剂罐注入阀。

图 2-20 所示即为制冷剂注入阀的结构，制冷剂罐内装有制冷剂，接头用软管与歧管压力计的中间接头相连。

图 2-19　荧光法检测蒸发器处制冷剂的泄漏

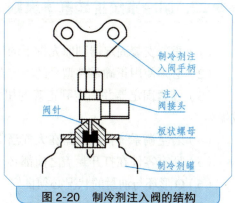

图 2-20　制冷剂注入阀的结构

35

【技能学习与考核】

一、职业安全与环保事项

（1）维修任何电气组件之前，先拔开电池负极线。除非有指示，否则必须将点火开关转到 OFF 或 LOCK 位置。

（2）空调系统中含有 R134a，必须特别处理以免人员受伤。必须随时遵守下列的特别处理指示：

①当维修冷媒系统时，随时戴护目镜并以干净的布料包裹接合部位、阀门连接部位。
②随时保持工作场所的通风并且避免吸入冷媒雾气。
③切勿对空调管路或组件进行焊接或蒸汽清洗。
④切勿让冷媒直接碰触皮肤。若有 R134a 碰触身体的任何部位，应立即使用清水冲洗并送医。
⑤当使用 R134a 缸桶时，在每一次使用完毕之后必须重新安装重金属螺钉盖。
⑥切勿将 R134a 冷媒瓶置放于乘客室来运送。
⑦当冷媒从大的 R134a 缸桶添加到小的 R134a 缸桶时，切勿完全装满。必须保留让液体冷媒膨胀的空间。

（3）拔开、拆卸或更换任何空调管路或零件之前，必须使用适合的冷媒回收设备将所有的冷媒完全回收。

（4）R12 无法与 R134a 兼容。使用 R12 到 R134a 系统中将造成空调系统故障。

（5）每一个组件必须在准备安装时才可以将安装的密封盖拆下。

（6）切勿将冷媒排放到大气当中。每当需要开启排放空调系统时，必须使用冷媒回收设备。

（7）保持冷媒容器的温度低于 40℃。

（8）切勿让冷媒或冷媒容器暴露在火焰中。

二、制冷系统拆装基本原则

（1）重新安装固定器到原先拆下的位置。
（2）必须使用正确零件型号的固定器。
（3）锁紧固定器并固定到正确的扭力值。未锁紧或锁得过紧都会造成空调系统泄漏或损坏。
（4）若空调系统曾经暴露在大气当中，在充填 R134a 之前必须彻底地抽真空。
（5）所有零件在打开封盖之前都必须在室温之下以避免凝结的水蒸气进入组件中。
（6）O 形环与油封的状况必须良好。密封表面上若有毛边或污染，会造成冷媒泄漏。
（7）当锁紧 O 形环安装部位时，必须使用反安装方向的抵挡扳手抵挡以避免密封环

任务二　制冷系统的拆装

变形并使其能够完全地锁紧。

（8）空调系统充填完毕之后要重新安装维修阀盖。

（9）弹性软管的弯曲弧度不可以超过管径的 4 倍。

（10）不可以让弹性软管与排气歧管距离小于 64 mm。

（11）保持所有的工具以及零件清洁与干燥。

（12）使用护套来保护车身以避免损坏。

（13）当安装空调管路或电线时，必须正确地配置以免碰触到移动的零件。

三、制冷剂的排空

如果汽车空调系统内已经没有制冷剂（如事故后空调管路破裂，使制冷剂漏尽），则在进行空调系统零部件拆装前，无须进行制冷剂排放操作。如果汽车空调系统中尚有制冷剂，则在进行相关维修操作前，必须首先排放制冷剂。

制冷剂排空一般有传统排空法和回收排空法两种。

1. 传统排空法

传统排空法如图 2-21 所示，具体过程如下：

（1）把歧管压力表组连接到系统的高、低压检修阀上。

（2）起动发动机并使转速维持在 1 000 ～ 1 200 r/min 运行 10 ～ 15 min。

（3）风扇开至高速运转，将系统中所有的控制开关都置于最冷位置，使系统达到稳定状态。

（4）把发动机转速调到正常怠速状态。

（5）关闭空调的控制开关，关闭发动机。

（6）慢慢打开歧管压力表组上的低压手动阀，让制冷剂缓缓地从中间软管经集油罐排入至大气中。等压力下降到 350 kPa 时，再慢慢拧开高压手动阀，以防止冷冻油被带出。

（7）当歧管压力表组的高、低压力表指示为零时，说明系统内制冷剂已排空。

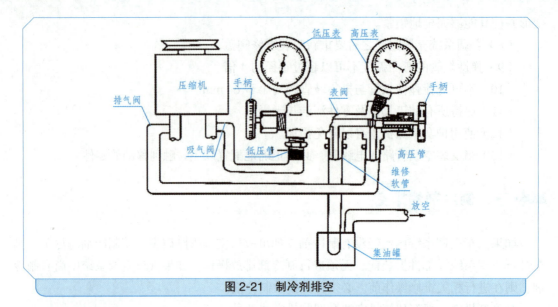

图 2-21 制冷剂排空

2. 回收排空法

1）操作方法

（1）用表阀系统将汽车空调制冷系统中的制冷剂回收到储液瓶。其中，高压阀连接压缩机排气管，低压阀连接压缩机吸气管。表阀的中间接口连接钢瓶。钢瓶的底部有一个截止阀，用来排放制冷剂带出润滑油（冷冻油）。降压时，先慢慢拧开高压手动阀，让制冷剂缓慢流出而尽量不带出冷冻油。当压力下降到 350 kPa 时，再慢慢拧开低压手动阀，让制冷剂经降压、除酸、干燥、过滤等工序处理后，重新压缩、冷凝、液化，装入储液瓶中。

（2）在此过程中，对生成的酸性物质的清除，常采用中和法或膜处理方法，使酸性物质自动分离；对混入制冷剂中的水分，常采用分子筛吸附，使制冷剂的含水量降低到可重新使用的标准；对不溶杂质（如铁屑、油污、灰尘等），可采用空调用的过滤装置加以清除。

2）注意事项

（1）回收场地应通风良好，不要使排出的制冷剂靠近明火，以免产生有毒气体。

（2）制冷剂排出而冷冻油并非全部排出，因此应测定排出的油量，以便补充。

四、空调压缩机的拆装

1. 压缩机的拆卸（丰田威驰轿车）

空调压缩机总成分解如图 2-22 所示。

（1）从系统内排出制冷剂。

（2）拆下 V 带（压缩机到曲轴带轮）。

（3）断开制冷剂吸入口管接头，如图 2-23 所示。

①拆下螺栓，从压缩机和电磁离合器上断开制冷剂吸入口。

②从制冷剂吸入口拆下 O 形环。

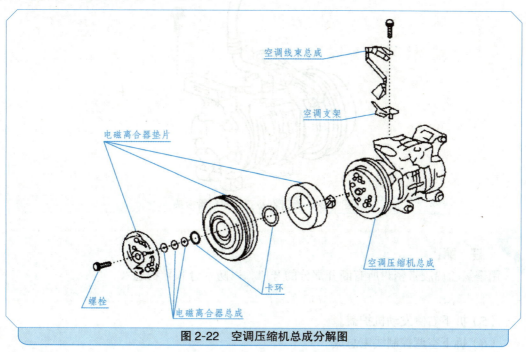

图 2-22　空调压缩机总成分解图

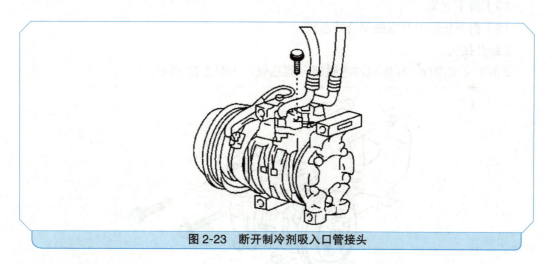

图 2-23　断开制冷剂吸入口管接头

注　意：
用聚氯乙烯胶带密封所有断开部分的开口，以防水分和异物进入。

（4）断开制冷剂排出口管接头，如图 2-24 所示。
①拆下螺栓，从压缩机和电磁离合器上断开制冷剂排出口。
②从制冷剂排出口上拆下 O 形环。

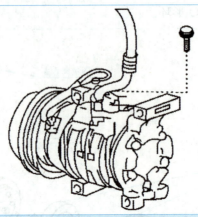

图 2-24　断开制冷剂排出口管接头

注　意：

用聚氯乙烯胶带密封所有断开部分的开口，以防水分和异物进入。

（5）拆下右侧发动机护盖。

（6）拆下空调控制线束总成。

（7）拆下支架。

（8）拆下压缩机和电磁离合器总成。

①断开接头。

②拆下4个螺栓、压缩机和电磁离合器总成，如图2-25所示。

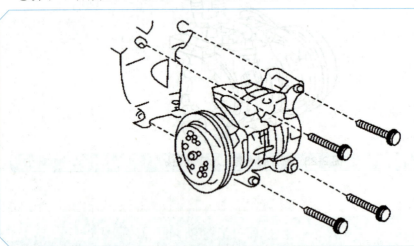

图 2-25　拆下压缩机总成

2. 压缩机的安装

（1）安装压缩机和电磁离合器。

①用4个螺栓安装压缩机和电磁离合器，拧紧力矩为25 N·m。

> **注　意：**
> 注意：按图 2-26 所示顺序安装压缩机和电磁离合器紧固螺栓。

②连接接头。

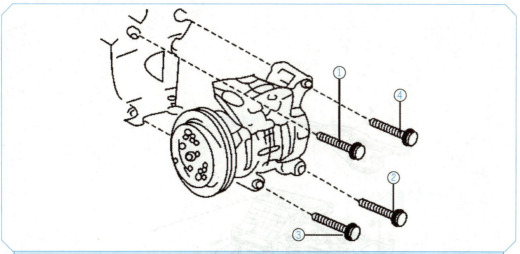

图 2-26　安装压缩机总成

（2）安装制冷剂排出孔管接头。

①从管口撕下缠裹的聚氯乙烯胶带。

②给新 O 形环和压缩机以及电磁离合器的接触面涂上足够的压缩机油（ND-OIL8 或等效物）。

③在制冷剂排出孔安装 O 形环。

④用螺栓连接制冷剂排出孔到电磁离合器和压缩机上，拧紧力矩为 98 N·m。

（3）安装制冷剂吸入孔管接头。

①从管口撕下缠裹的聚氯乙烯胶带。

②给新 O 形环和压缩机以及电磁离合器的接触面涂上足够的压缩机油（ND-OIL8 或等效物）。

③在制冷剂吸入孔安装 O 形环。

④用螺栓连接制冷剂吸入孔到电磁离合器和压缩机上，拧紧力矩为 98 N·m。

（4）安装 V 带（压缩机到曲轴带轮）。

（5）调整 V 带（压缩机到曲轴带轮）。

（6）充分紧固 V 带（压缩机到曲轴带轮）。

五、空调蒸发器单元总成的拆装

丰田威驰轿车空调蒸发器单元总成零部件分解图如图 2-27 和图 2-28 所示。

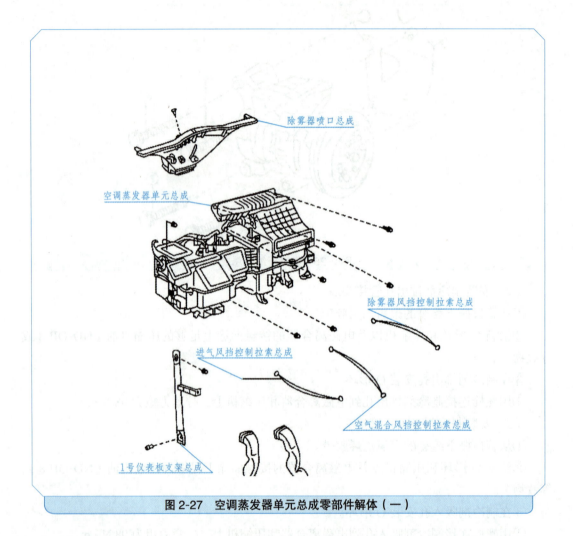

图 2-27　空调蒸发器单元总成零部件解体（一）

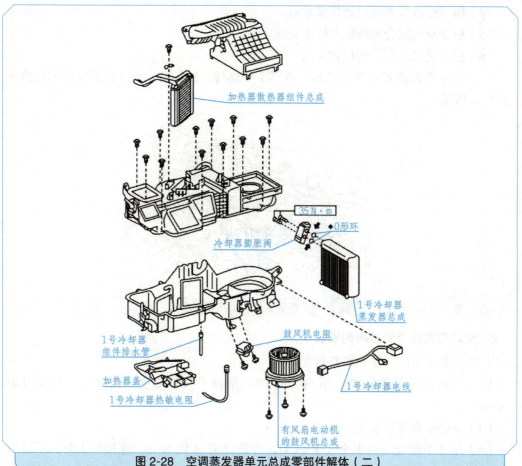

图 2-28 空调蒸发器单元总成零部件解体（二）

1. 空调蒸发器单元总成的拆卸

（1）从系统内排出制冷剂。

（2）拆下下侧仪表板总成，拆下除雾器喷口总成，拆下仪表板支架总成，松开两个锁扣，拆下 2 号后空气管，如图 2-29 所示。

（3）拆下 4 个螺栓，拆下安全气囊 ECU 总成，如图 2-30 所示。

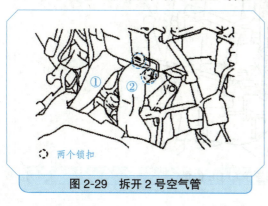

图 2-29 拆开 2 号空气管

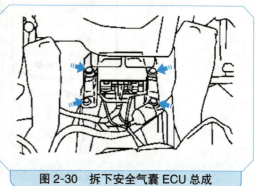

图 2-30 拆下安全气囊 ECU 总成

（4）拆下除雾器风挡控制拉索总成。

（5）拆下空气混合风挡控制拉索总成。

（6）拆下进气风挡控制拉索总成。

（7）拆下空调蒸发器单元总成。拆下2个螺栓、5个螺母和空调蒸发器单元总成，如图2-31所示。

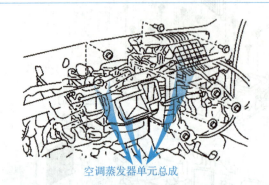

图2-31　拆下空调蒸发器单元总成

2. 空调蒸发器单元总成的安装

（1）安装1号冷却器蒸发器总成。

（2）安装冷却器膨胀阀。用50 mm的六角扳手安装2个六角螺栓，拧紧力矩为35 N·m。

（3）安装空调蒸发器单元总成。

（4）用2个螺栓安装安全气囊ECU，拧紧力矩为30 N·m（连接接头时，不要用力太大）。

（5）不要碰撞安全气囊ECU。安装安全气囊ECU总成，安装下侧仪表板总成。

（6）安装加热器控制和附件总成。

将控制杆置于FACE位置，如图2-32所示，在控制杆上安装内拉索。按图2-32中箭头方向轻轻压下，将外拉索装在拉索夹箍上。

图2-32　将控制杆置于FACE位置

任务二 制冷系统的拆装

切勿扭弯拉索,操纵加热器控制杆时应在 FACE 和 DEF 位置都能停下,且不回弹。将控制杆置于最大制冷位置,如图 2-33 所示。在控制杆上安装内拉索,按图 2-33 中箭头方向轻轻压下,将外拉索装在拉索夹箍上。

将控制臂置于内循环位置,如图 2-34 所示,在控制杆上安装内拉索头。按图 2-34 中箭头所示方向轻轻压下,将外拉索装在拉索夹箍上。

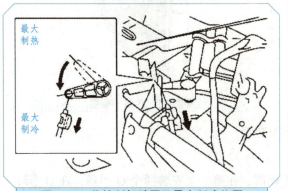

图 2-33 将控制杆臂置于最大制冷位置　　图 2-34 将控制杆置于内循环位置

(7)安装仪表板总成,安装空调管路总成。

六、带储液罐的冷凝器总成的拆装

丰田威驰轿车带储液罐的冷凝器总成解体如图 2-35 所示。

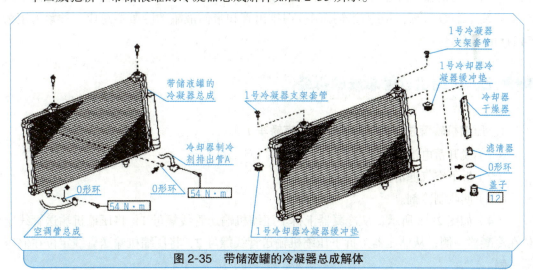

图 2-35 带储液罐的冷凝器总成解体

1. 带储液罐的冷凝器总成的拆卸

(1)排出系统内的制冷剂,拆开制冷剂排出管及空调管总成,拆下带储液罐的冷凝器总成,拆下冷却器干燥器,如图 2-36 所示。

从盖子上拆下两个 O 形环,用尖嘴钳取出干燥器,如图 2-37 所示。

图 2-36 拆下盖子和滤清器

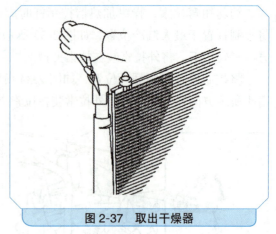

图 2-37 取出干燥器

（2）拆下冷凝器缓冲垫，拆下冷凝器支架套管。

2. 带储液罐的冷凝器总成的安装

（1）安装冷凝干燥器。用尖嘴钳装入干燥器，在盖子上安装两个O形环，在O形环的接口处涂上足量的压缩机机油（ND-OIL8或类似物），用10 mm的六角扳手在调节器上安装盖子和滤清器，拧紧力矩为12 N·m。

（2）安装带储液罐的冷凝器、空调管总成。用螺栓连接空调管总成和带储液罐的冷凝器总成，拧紧力矩为54 N·m。

（3）安装制冷剂排出管。撕去管口的聚氯乙烯胶带，连接冷凝器总成的相应部分，在O形环和管的接口涂上足够的压缩机机油（ND-OIL8或类似物），在制冷剂排出管接头上安装1个O形环，用螺栓连接制冷剂排出管和带储液罐的冷凝器总成，拧紧力矩为54 N·m。

七、压缩机软管总成的拆装

1. 压缩机软管总成的拆卸（上海别克轿车）

（1）脱开蓄电池负极电缆。

（2）拆下空气滤清器和管道总成。

（3）回收制冷剂。

（4）如图2-38所示，从冷凝器上拆下压缩机输送管线螺母1，将压缩机输送管线定位在冷凝器一侧；从储压器上拆下压缩机输送管线螺母2，将压缩机输送管线定位在储压器一侧。

（5）升起并支承起车辆。

（6）拆下下部空气导流板。

（7）拆下压缩机上的螺栓和压缩机软管。

（8）拆下压缩机软管总成。

任务二　制冷系统的拆装

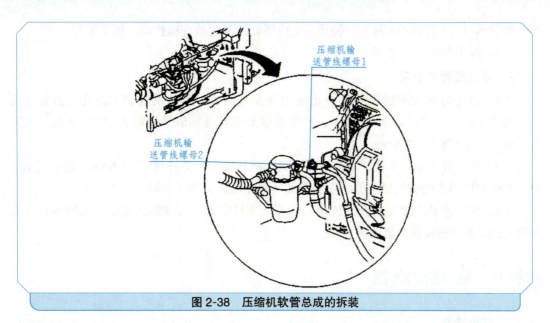

图 2-38　压缩机软管总成的拆装

注　意：

应拆下并废弃所有用过的 O 形环和密封垫圈。

2. 压缩机软管总成的安装

（1）将用冷冻油润滑后的新 O 形环装到压缩机软管总成，将新密封圈装到压缩机总成上；将压缩机软管总成安装到压缩机的后端，并将软管螺栓拧紧至 33 N·m。

（2）安装下部空气导流板，降下车辆，将压缩机输送管线装到储压器上。

（3）如图 2-38 所示，将压缩机输送管线螺母 2 装到储压器上，并拧紧至 16 N·m；将压缩机软管装到冷凝器上，并拧紧压缩机输送管线螺母 1 至 16 N·m。

八、冷凝器管的拆装

1. 冷凝器管的拆卸（上海别克轿车）

（1）拆下空气滤清器和管道总成，并回收制冷剂；拆下真空制动加力器，并从托架上拆下液管。

（2）升起并支承起车辆，拆下下部空气导流板，脱开至 A/C 制冷剂压力传感器的电气插接器；拆下冷凝器上的液管螺母。

（3）降下车辆。拆下节流孔处的液管螺母（若装备 C60）。

（4）如图 2-39 所示，拆下双级节流孔

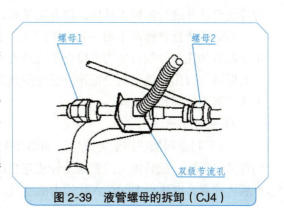

图 2-39　液管螺母的拆卸（CJ4）

47

处的液管螺母 2（若装备 CJ4），脱开左支柱塔处的变速器变速拉索，拆下液管。

（5）拆下并废弃 O 形环。

2. 冷凝器管的安装

（1）将用冷冻油润滑后的新 O 形密封环装入液管；安装液管和节流孔的液管接头（若装备 C60），并拧紧至 27 N·m；安装双级节流孔处的液管螺母 2（见图 2-39，若装备 CJ4），并拧紧至 27 N·m。

（2）升起并支承起车辆，安装冷凝器处的液管接头，并拧紧至 27 N·m；连上至 A/C 制冷剂压力传感器的电气插接器，安装下部空气导流板；降下车辆。

（3）将变速器变速拉索布置到位，并连上支柱塔处的变速器变速拉索保持器；安装液管/真空管支座和真空制动加力器。

九、制冷剂的加注

1. 初步检漏

初步检漏通常使用压力检测法，是指将一定压力的氮气加入制冷系统中，再配合观察、涂抹肥皂水等手段或借助检漏仪器进行检漏的一种方法。这种方法常用于空调制冷系统中制冷剂全部漏光（排空）时的检漏。采用压力检测法检漏时，严禁用压缩空气进行检漏，因压缩空气中含有水分，水分随空气进入后会在膨胀阀处产生冰堵。压力检测法的操作步骤如下。

1）初加制冷剂

（1）如图 2-40 所示，将歧管压力计上的两根高、低压力软管分别与压缩机上的高、低接口相连，将歧管压力计上的中间软管与制冷剂注入阀接口相连。在制冷剂注入阀上装好制冷剂罐。

（2）用注入阀打开制冷剂罐，然后将与歧管压力计相连接的中间软管接头稍微松开一些，直到听到嘶嘶声后再拧紧，以排出中间注入软管内的空气。

（3）打开歧管气压计高压侧手动阀，制冷剂便经高压侧注入软管进入系统高压侧，这时观察低压表指针一起升高，若低压表指针不回升或回升很慢，说明系统内部有堵塞处，应停止充注并进行检修（具体操作方案见后述制冷系统故障诊断的相关内容）。

若低压表指针随高压表一起正常回升，可将制冷剂罐倒立，使制冷剂呈液态进入系统。由于此时加注制冷剂仅是为了检查系统是否有泄漏，因此加注量不宜过多，通常加入 200 g 左右即可（可用手晃动制冷剂罐，感觉剩余量来估算确定）。注入规定量的制冷剂后，关闭高压侧手动阀和注入阀。

2）加注氮气

（1）制冷剂加注作业完成后，如图 2-41 所示，拆下制冷剂罐，装好氮气罐并用注入阀打开氮气罐，然后将与歧管压力计相连接的中间软管接头稍微松开一些，直到听到嘶嘶声后再拧紧，以排出中间注入软管内的空气。

任务二 制冷系统的拆装

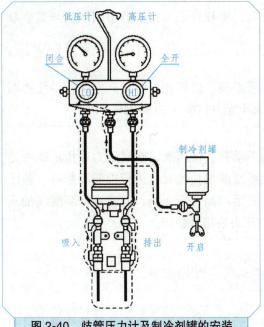

图 2-40 歧管压力计及制冷剂罐的安装

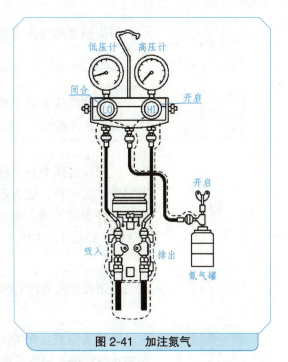

图 2-41 加注氮气

（2）打开歧管压力计高压侧手动阀，氮气便经高压侧注入软管进入系统高压侧。当低压表指针随高压表一起正常回升时，可将氮气罐倒立，使氮气呈液态进入系统。

（3）当高压侧表显示达到规定工作压力后（此压力值从维修手册中查得），关闭高压侧手动阀和注入阀。

（4）观察歧管压力计，如果长时间指针不动（不出现压力降低现象），即可认为系统密封性良好。此时也可采用其他方法再进行细致的检漏，具体操作见操作步骤5。

（5）拆下注入阀，打开歧管压力计高压开关，即可将充气的氮气及少量的制冷剂排空。准备抽真空。

2. 系统抽真空

抽真空是为了排除制冷系统内的空气和水蒸气，它是空调维修中一项极为重要的程序。图 2-42 所示为抽真空管路连接方法，具体操作过程如下：

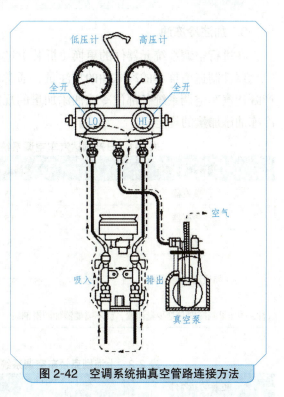

图 2-42 空调系统抽真空管路连接方法

（1）初步检漏的操作完成后，将歧管压力计上的中间软管与真空泵相连。

（2）打开歧管压力计上的手动高、低压阀，起动真空泵，并注视两个压力表，将系统压力抽真空至 98.70～99.99 kPa。

（3）关闭歧管压力计上的手动高、低压阀，观察压力表指示压力是否回升。若回升，则表示系统泄漏，此时应进行检漏和修补；若压力表指针保持不动，则打开手动高、低压阀，起动真空泵继续抽真空 15～30 min，使其真空压力表指针稳定。

（4）关闭歧管压力计上的手动高、低压阀。

（5）关闭真空泵。先关闭手动高、低压阀，然后关闭真空泵，目的是防止空气进入制冷系统。

3. 加注冷冻油

在进行空调系统元器件的更换（拆装）过程中，安装元器件（或新件）时，首先要确定元器件制造商推荐的冷冻油的加注量，通常可通过汽车维修手册获得。表 2-1 所示为日产颐达汽车空调系统各部位冷冻油添加量的规定，表 2-2 为上海别克轿车空调系统各部位冷冻油添加量的规定。

表 2-1　日产颐达汽车空调系统各部位冷冻油添加量的规定

更换的元器件	加油量 /mL	备注
蒸发器	35	—
冷凝器	15	—
储液罐	5	—
如遇制冷剂泄漏	30	大量泄漏
	—	少量泄漏 *

注：* 如果制冷剂只是少量泄漏，就不需要添加润滑剂。

表 2-2　上海别克轿车空调系统各部位冷冻油添加量的规定

更换的元器件	加油量 /mL
A/C 压缩机	若放出的少于 30 mL，则加 30 mL；若放出的大于 30 mL，则加等量冷冻油
冷凝器	30

任务二　制冷系统的拆装

续表

更换的元器件	加油量 /mL
蒸发器	90
储能器	30
制冷剂大量泄漏	90

加注冷冻油有直接加入法和真空吸入法两种方式。

如果只是进行了元器件总成的拆装作业，则应通过对元器件的观察，确定是否需进行少量的补加；如果对某个元器件进行了拆解维修（或更换了新件），则应对该元器件加注规定量的冷冻油。上述两种情况适合采用直接加入法。如果对全部系统进行了维修操作，原冷冻油可能会剩余很少（或需要更换全部冷冻油）时，需加注的量较大，则采用真空吸入法的效率高。

1）直接加入法

直接加入法是将冷冻油装入干净的量瓶内，从相关元器件的冷冻油加注口加注，如图 2-43 所示。

图 2-43　直接加入法示意图

向空调压缩机内加注冷冻油的操作方法如下。

（1）卸下加油塞，如图 2-44 所示，注入规定型号的冷冻油。

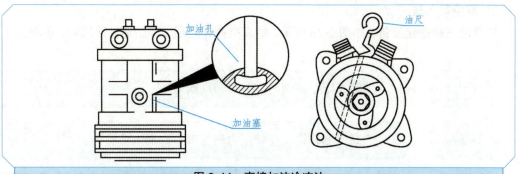

图 2-44　直接加注冷冻油

（2）通过加油塞孔观察，旋转离合器前板，使活塞连杆正好在加油塞孔中央位置。

51

（3）把油尺插到活塞连杆的右边，直至油尺端部碰到压缩机外壳为止。

（4）取出油尺，检查冷冻油的刻度数（沟纹），应该在油尺的 4～6 格之内。

如果更换新的同型号压缩机，在没有新压缩的冷冻油加注量标准的情况下，可参照图 2-45，按下述方法确定加注量：

（1）用一个量杯将有问题的压缩机中的冷冻油放出，确定其原有冷冻油量。

（2）放空新压缩机中的冷冻油（压缩机生产厂商预先加入的少量冷冻油）。

（3）按旧压缩机放出的油量再加 10 mL 的量，向新压缩机中加注冷冻油。

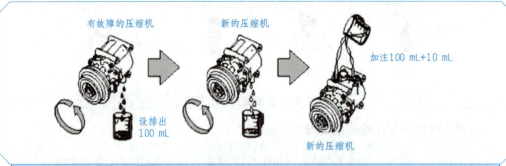

图 2-45　更换压缩机时的冷冻油加注量的确定

2）真空吸入法

按要求正确连接设备，如图 2-46 所示。抽真空操作之后，开始加注冷冻油，步骤如下。

（1）关闭高压手动阀门，关闭辅助阀。

（2）把高压侧软管从歧管压力表上拆下，插入油杯内。

（3）打开辅助阀，使冷冻油从油杯吸入制冷系统。

任务二　制冷系统的拆装

（4）当油杯中的冷冻油快被抽空时，立即关闭辅助阀门，以免系统中吸入空气。

（5）把高压侧软管接头拧在歧管压力表上，打开高压手动阀门，起动真空泵，将高压侧软管抽真空。然后打开辅助阀，为系统抽真空压力至 2 kPa，然后再加抽 15 min，以便排出随油进入系统里的空气。此时，冷冻油在高压侧，待系统运转后，冷冻油将返回压缩机。

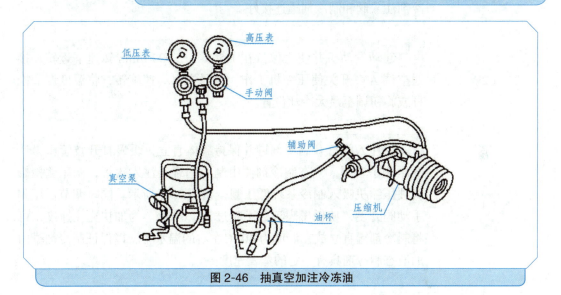

图 2-46　抽真空加注冷冻油

4．充注制冷剂

当制冷系统抽真空达到要求，且经检漏确定制冷系统不存在泄漏部位后，即可向制冷系统充注制冷剂。

充注前，先确定制冷剂的充注量，充注量过多或过少都会影响空调的制冷效果。压缩机的铭牌上一般都标有所用的制冷剂的种类及其充注量。

1）从高压侧充注制冷剂

液态制冷剂可以从高压侧注入，其加注过程如下：

（1）冷冻油加注作业完成后，将中间注入软管从真空泵上卸下，改接到制冷剂注入阀接口上，装好制冷剂罐并用注入阀打开制冷剂罐，然后将与歧管压力计相连接的中间软管接头稍微松开一些，直到听到嘶嘶声后再拧紧，以排出中间注入软管内的空气。

（2）打开歧管气压计高压侧手动阀，制冷剂便经高压侧注入软管进入系统高压侧，这时观察低压表指针一起升高，若低压表指针不回升或回升很慢，说明系统内部有堵塞处，应停止充注并进行检修。

若低压表指针随高压表一起正常回升,可将制冷剂罐倒立,使制冷剂呈液态进入系统。注入规定量的制冷剂后,关闭高压侧手动阀和注入阀后,即可进行检漏或试运行(也可待完成下述低压侧充注后再进行此项操作)。

2)从低压侧注入气态制冷剂

气态制冷剂一般从制冷系统低压侧检修阀注入,用于初步检漏后充足制冷剂剂量或给系统内补充制冷剂,其加注过程如下:

(1) 将歧管压力计连接于制冷系统检修阀上,将中间注入软管与制冷剂注入阀和制冷剂罐连接好。

(2) 起动发动机并使之保持在 1 500 ~ 2 000 r/min 转速下运转,接通空调 A/C 开关使压缩机工作,鼓风机以高速旋转,将温度调节推杆或旋钮调至最大冷却位置。

(3) 用注入阀打开制冷剂罐并保持罐体直立,缓慢打开歧管压力计低压侧手动阀,气态制冷剂便由制冷剂罐经注入软管,低压侧检修阀被压缩机吸入制冷系统低压侧,如图 2-47 所示。同时调节低压侧手动阀开度,使低压表读数不超过 411.6 kPa。为加快充注速度,可将制冷剂罐直立放在温度为 40 ℃左右的温水中,以保证制冷剂罐内的液态制冷剂具有一定的蒸发速度。

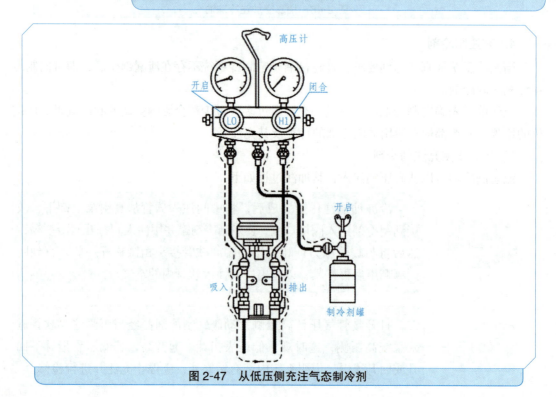

图 2-47 从低压侧充注气态制冷剂

若使用的是小容量罐，在加注一罐后仍需加注时，可关闭歧管压力计上的低压侧手动阀，从空罐上卸下注入阀，把它装到待用的制冷剂罐上，排出中间注入软管内的空气后，再继续加注到适量为止。

（4）　充注完毕后，关闭歧管压力计低压侧手动阀，关闭注入阀，关闭空调 A/C 开关和鼓风机开关，使发动机熄火，卸下歧管压力计即可。

5. 检漏

在重新充注制冷剂后，应进行系统泄漏检查，此时可采用以下方法检漏。

1）肥皂水检漏

将肥皂水涂抹于空调系统管路和接头，在泄漏处会产生气泡。如果泄漏轻微，在泄漏的地方就会产生一个大气泡；如果泄漏严重，就会产生很多气体，很容易发现和鉴别。但是，肥皂水法并不是万能的，有些不易涂抹或面积太大不能涂抹的地方，如压缩机前端盖、冷凝器等处就不方便检查，有些微小的泄漏也很难查出。因此，肥皂水只能用做大致检查，在检漏过程中还要和其他检漏设备一起使用。

图 2-48 所示为管接头处泄漏时产生的肥皂泡。

图 2-48　用肥皂水检漏

2）用电子式检漏仪检漏

用电子式检漏仪对空调系统进行检漏，检漏仪探头应尽可能接近检漏部位，一般要求在 3 mm 之内，探头的移动速度必须低于 30 mm/s。当探头脏污或电压偏低时，都会影响检查的准确性。其方法和步骤如下：

（1）　关闭发动机。

（2）　将歧管压力表连接到空调维修接口。

（3）　检查在 16 ℃ 以上时空调制冷剂压力是否不低于 345 kPa，如果低于规定值，则回收系统中的制冷剂，并抽空系统，然后重新注入规定数量的制冷剂。

（4）将检漏仪电源接上，预热 10 min 左右。

（5）对检漏仪进行校核，使指示灯和警铃工作正常。

（6）将检漏仪调到所需要的灵敏度范围。

（7）进行高压侧到低压侧的泄漏检测。仔细检查以下区域，清洁要被检查的部件，并在检查过程中用检漏仪探头绕接头、元器件的整个周围移动。

①压缩机。检查高压和低压挠性软管的管接头、泄压阀和轴封。
②冷凝器。检查高压软管、管道和制冷压力传感器的接头。
③储液罐。检查管接头。
④检修阀。检查所有检修阀，确保检修阀盖已经安装到检修阀上。
⑤制冷单元（蒸发器）。将发动机停机，并使鼓风机高速运转至少 15 s，以清除制冷单元内的微量制冷剂残余物。在将检漏仪探头插入泄流软管前，至少等待 10 min。

将探头保持插入状态至少 10 s。泄流软管内可能有水和脏物，小心不要让其弄脏探头。

当指示灯亮、警铃响起时，此位置为泄漏部位，同时应将探头立即移动，以免损坏检漏仪，如图 2-49 所示。

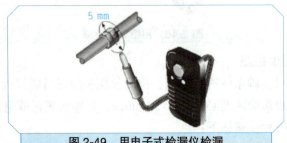

图 2-49　用电子式检漏仪检漏

（8）如果检漏仪检测到泄漏，应用压缩空气吹扫怀疑泄漏的区域至少一次，然后再进行检漏。

（9）当检查到一处泄漏部位后，继续在整个系统元器件范围内查找其他的泄漏部位。如果未检测到泄漏，就进行下一步。

（10）起动发动机。

任务二 制冷系统的拆装

| （11） | 按以下的指示设定暖风空调控制。 |

① A/C 开关：ON。
② 模式控制盘位置：VENT（通风）。
③ 进气杆位置：再循环。
④ 强冷温度。
⑤ 风扇转速：高。

| （12） | 使发动机以 1 500 r/min 的转速至少运转 2 min。 |

| （13） | 使发动机停机，并再次进行泄漏检查。发动机停机后，应立即进行泄漏检查。首先在压缩机上检查，当制冷循环停止后，高压侧的压力将逐渐降低，而低压侧的压力将逐渐升高。当压力升高后，更容易检测到某些泄漏部位。 |

用电子式检漏仪检测泄漏时，应注意以下事项：

①	仅可使用专用于检测空调系统制冷剂的检漏仪。
②	经常清洗检测部位的污物，防止堵塞探头顶部。
③	通过充注口底座制冷剂泄漏试验，定期检查检漏仪的敏感性。
④	绝不允许探头的顶部直接接触待检的元器件。
⑤	经常检查下部的接头或元器件，因为制冷剂比空气密度大。
⑥	在无风的情况检查制冷剂是否泄漏。
⑦	发动机未起动时，检查制冷剂是否泄漏。

3）荧光法检漏

（1）检查空调系统静态（不工作时）压力，压力必须至少 345 kPa。
（2）将一瓶制冷剂染料倒入喷射工具中。
（3）将注入工具连接到空调低压侧维修接头上。

(4)起动发动机,打开空调。

(5)在空调工作时,通过低压检修阀,使用染料喷射工具喷射一瓶荧光染料。

(6)发动机依然运转,并从维修接头处断开注入工具。

(7)空调系统至少工作20min,使染料与系统油液充分混合。依据泄漏部位的大小、工作情况和泄漏的位置,染料渗入泄漏部位并能看到,可能需要几分钟到几天。

4)卤素检漏灯检漏

(1)点燃卤素检漏灯。

(2)将灯的吸管沿制冷系统移动,重点关注可能出现泄漏的部位,同时观察喷灯火焰的颜色。如果火焰颜色不发生变化,表示没有泄漏;如果火焰呈浅绿色,表示泄漏量少;如果火焰呈浅蓝色,表示泄漏量较多;如果火焰呈紫色,表示泄漏量很多。

5)目视检漏

当制冷循环管路发生制冷剂泄漏时,通常冷冻油与制冷剂一起泄漏。如图2-50所示,泄漏处通常发生在油和污垢包围的软管接头和元器件上。用目视法检查泄漏时,应重点对这些容易泄漏的地点进行仔细检查,确定泄漏迹象的地方是否需要维修或更换。该检漏方法通常适用于空调系统运行较长时间后,因为此时观察效果比较明显。

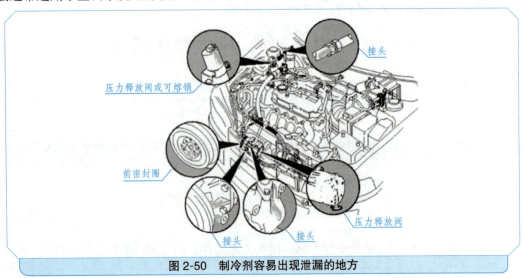

图2-50 制冷剂容易出现泄漏的地方

➡ 十、技能考核

(1)教师为每组学生准备好汽车及其相关技术资料和必要的工具。

(2)小组学生在查阅技术资料的基础上,完成汽车空调主要总成件的拆装工作,并完成表2-3所示的技能学习工作单。

(3)教师观察学生学习过程,最后审阅学生完成的工作单,给出评价。

任务二 制冷系统的拆装

表2-3 技能学习工作单

实训项目：__汽车空调装置的拆装__

班级学号		姓　名	

1. 你所查阅的技术资料有：
_____
_____。

2. 请描述观察的汽车相关信息：
（1）生产厂家：_____
（2）汽车型号：_____
（3）汽车的类型：_____
（4）与空调系统相关的技术参数：_____

3. 制冷剂的排放。
（1）你所使用的制冷剂回收装置的品牌型号是_____
（2）根据制冷剂回收装置使用说明，记录操作的注意要点：
_____
_____
_____。

（3）按制冷剂回收装置规定的操作流程进行制冷剂回收排放操作，操作中出现了哪些问题？
_____

针对上述问题，你是如何解决的？_____
_____。

4. 空调压缩机的拆装。
（1）为拆卸压缩机，你先拆去了哪些构件？_____
（2）你所拆卸的压缩机与机架有_____个螺栓固定，螺栓的规格是_____，螺栓的紧固力矩是_____。
（3）以零部件名称，排列你拆卸压缩机的操作顺序：

5. 空调蒸发器单元总成的拆装。
（1）为拆卸蒸发器，你先拆去了哪些构件？_____
（2）在最后拆卸蒸发器总成时，需拆下_____个螺栓、_____个螺母，螺栓的规格是_____，螺栓的紧固力矩是_____。
（3）以零部件名称，排列你拆卸蒸发器的操作顺序：

6. 空调冷凝器的拆装。
（1）为拆卸冷凝器，你先拆去了哪些构件？_____
（2）在拆卸冷凝器总成时，需拆下_____个螺栓、_____个螺母，螺栓的规格是_____，螺栓的紧固力矩是_____。
（3）以零部件名称，排列你拆卸冷凝器的操作顺序：

7. 制冷剂的加注。
1）初检漏。
（1）描述初检漏时歧管压力表的连接方法。
_____
_____

（2）加入制冷剂的量约_____，你是如何判断加入到规定的量的？

续表

班级学号		姓　名	

（3）氮气加注结束后，高压侧压力表的读数是_____，低压侧压力表的读数是_____。你控制到这一数值的理由是_____。

（4）你观察压力表数值变化的时间为_____min，观察的结果是_____。根据这一观察结果，你得出的结论是_____。

2）抽真空。
（1）为进行抽真空作业，你所做的第一步操作是_____。
（2）抽真空结束时，压力表读数是_____。
（3）通过观察，确定系统是否有泄漏部位？□是 □否。你得出这一结论的依据是_____
如果有泄漏部位，你确定接下来的处理方法是_____。

3）加注冷冻油。
（1）你所采用的加注方法是_____，采用这一加注方法的理由是_____。
（2）为进行加注冷冻油作业，你所做的第一步操作是_____。
（3）你加入冷冻油的量是_____，确定这一加注量的理由是_____。

4）制冷剂充注。
（1）为进行抽真空作业，你所做的第一步操作是_____。
（2）在进行高压侧充注时，高、低压表数据如何变化？根据这一变化情况，判断是否正常？□正常 □不正常。如果不正常，请判断故障原因并提出维修建议。

（3）在进行低压侧充注时，低压表读数为_____。这一读数是否符合要求？□是 □否。如果不符合要求，请判断问题的原因，并提出维修方案。

5）制冷系统检漏。
（1）你所采用的检漏方法是_____。
（2）请描述检查过程中表现的现象_____。
根据这些现象，你得出的结论是_____。
如果有泄漏的部位，提出维修方案。

8．自我评价（个人技能掌握程度）：□非常熟练　□比较熟练　□一般熟练　□不熟练

教师评语：（包括工作单填写情况、查阅资料能力、观察的方法、小组协作情况等，并按等级制给出成绩）

实训记录成绩_____　　　　　教师签字：_____　　　年　　月　　日

任务三 制冷系统的检修

【任务分析】

汽车空调制冷系统主要由压缩机、冷凝器、蒸发器、膨胀阀及储液干燥器这五大元器件组成。在进行空调系统维修时，经常需要进行这些装置的拆解、检查与组装。另外，汽车空调维修技师必须掌握空调控制系统各元器件的检测方法，以便能够正确地判断和排除系统故障。

本任务主要学习空调制冷系统主要装置的拆解、组装方法及控制系统主要元器件的检查方法。

【学习目标】

（1）能够正确描述汽车空调压缩机的作用、种类及各类型压缩机的结构与工作原理；

（2）能够正确描述汽车空调冷凝器的作用、种类及各类型冷凝器的结构与工作原理；

（3）能够正确描述汽车空调蒸发器的作用、种类及各类型蒸发器的结构与工作原理；

（4）能够正确描述汽车空调储液干燥器的作用及其结构与工作原理；

（5）能够正确描述汽车空调膨胀阀的作用、种类及各类型膨胀阀的结构与工作原理；

（6）能够正确描述汽车空调控制装置中的电磁离合器、制冷剂压力开关、恒温器、过热开关与热力熔断器、环境温度开关、水温开关与除霜开关、旁路电磁阀、蒸发压力调节阀、发动机怠速控制装置的作用、种类及其结构与工作原理；

（7）能够正确进行空调压缩机的解体与组装；

（8）能够正确进行空调压力开关的检查、电磁离合器的检测、环境温度开关的检测、鼓风机的检测和蒸发器温控开关的检查；

（9）能够注意培养良好的安全、环保、卫生习惯与团队协作的职业素养；

（10）能够注重培养社会主义核心价值观。

课题二　汽车空调制冷系统的维修

●【相关知识学习】

■ 一、汽车空调制冷系统主要部件的结构与工作原理

1. 压缩机

压缩机是制冷系统中最重要的部件，其作用是输送制冷剂以维持制冷剂在制冷系统中的循环流动。目前汽车空调压缩机的形式有很多种，有曲柄连杆式压缩机、轴向活塞式压缩机（又分为斜盘式压缩机、摆盘式压缩机）、旋转叶片式压缩机、涡旋式压缩机、变排量压缩机等。

1）曲柄连杆式压缩机

曲柄连杆式压缩机的结构与发动机曲柄连杆机构基本相同，如图2-51所示。曲轴旋转时，通过连杆带动活塞往复运动，由气缸内壁、缸盖和活塞顶面构成的工作容积便会发生周期性变化，从而在制冷系统中起到压缩和输送制冷剂的作用。

在缸盖上部设有两个单向阀片，当活塞下行时，活塞顶部空间增大，进气阀片打开，将低压制冷剂吸入；当活塞上行时，活塞顶部空间减小，排气阀片打开，制冷剂被加压后排出。

图2-51　曲柄连杆式压缩机

曲柄连杆式压缩机是第一代压缩机，应用比较广泛，制造技术成熟，结构简单，而且对加工材料和加工工艺要求较低，造价比较低，适应性强，能适应较大的压力范围和制冷量的要求，可维修性强。

曲柄连杆式压缩机的主要缺点有三方面：①压缩机体积大而重；②因为只有一个或两个活塞，排气不连续，排气气流易波动，且工作时有较大的振动；③无法适用于高速。所以在小型汽车中很少应用曲柄连杆式压缩机，目前曲柄连杆式压缩机大多应用在客车和卡车的大排量空调系统中。

2）轴向活塞式压缩机

轴向活塞式压缩机可以称为第二代压缩机，常见的有摇板式和斜板式两种压缩机，是汽车空调压缩机中的主流产品。这两种压缩机的气缸均以主轴为中心布置（图2-52），活塞运动方向与压缩机的主轴平行，这也正是称其为轴向活塞式压缩机的原因。

（1）斜盘式压缩机。斜盘式压缩机是轴向双向往复活塞式压缩机，主要由双向活塞、气缸、主轴及斜盘等组成，目前广泛用于国内轿车，

图2-52　轴向活塞式压缩机气缸布置图

62

如奥迪、捷达、富康等轿车的空调系统上。斜盘式压缩机的外形如图2-53所示，其结构如图2-54所示。

图2-53 斜盘式压缩机的外形

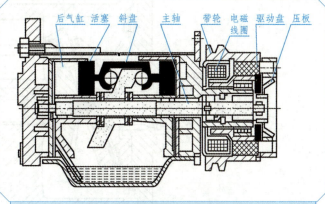

图2-54 斜盘式压缩机的结构

斜盘式压缩机的工作原理如图2-55所示，双头活塞在相对的气缸中一前一后地滑动，一端活塞在前缸中压缩制冷剂蒸气时，另一端活塞就在后缸中吸入制冷剂蒸气。各缸均配有高低压气阀，另有一根高压管，用于连接前后高压腔。斜板与压缩机主轴固定在一起，斜板的边缘装配在活塞中部的槽中，活塞槽与斜板边缘通过钢球轴承支承。当主轴旋转时，斜板也随着旋转，斜板边缘推动活塞做轴向往复运动。如果斜板转动一周，前后2个活塞各完成压缩、排气、膨胀、吸气一个循环，相当于2个气缸。如果是轴向6缸压缩机，缸体截面上均匀分布3个气缸和3个双头活塞，主轴旋转一周，相当于6个气缸的作用。

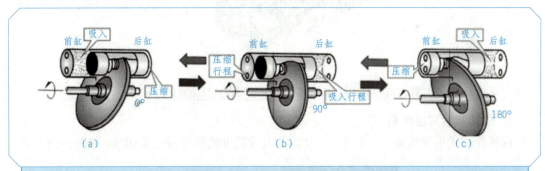

图2-55 斜盘式压缩机工作原理
(a) 前缸吸气、后缸压缩；(b) 前缸开始压缩；(c) 后缸吸气

（2）摆盘式压缩机。摆盘式压缩机是单向往复活塞式压缩机，主要由活塞、摆盘、传动板、主轴、排气阀等组成，如图2-56所示，目前这种压缩机应用比较广泛，最常见类型是日本三电公司的SD-5压缩机。

工作过程如下：当主轴转动时，摆盘随传动板斜面圆周方向摆动，通过连杆带动活塞往复移动。在摆盘圆周上，均匀布置5个连杆及活塞，组成5缸压缩机。

图2-57所示为应用于桑塔纳2000型轿车上的摆盘式压缩机的剖视图。

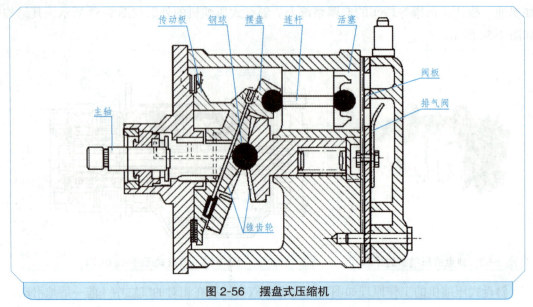

图 2-56　摆盘式压缩机

图 2-57　桑塔纳 2000 型轿车上的摆盘式压缩机的剖视图

3）旋转叶片式压缩机

旋转叶片式压缩机由一个转子、叶片以及尺寸精准的转子外壳等组成，如图 2-58 所示。

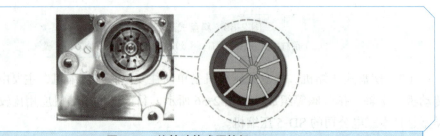

图 2-58　旋转叶片式压缩机

当压缩机轴转动时，叶片和转子外壳就形成了小腔。制冷剂由吸气孔被抽入这些小腔中，当转子转动时，这些小腔体积就变小了。制冷剂完全压缩后到达排气孔。叶片和转子外壳在离心力的作用下被润滑油密封住。油槽和油泵在排气侧，高压将油通过油泵推到轮叶端部，在转子外壳处起到了密封作用。在怠速时可能会听到压缩机轮叶的噪声，这是因为润滑油在空调系统中循环需要时间。

旋转叶片式压缩机的气缸形状有圆形和椭圆形两种。在圆形气缸中，转子的主轴与气缸的圆心有一个偏心距，使转子紧贴在气缸内表面的吸、排气孔之间。在椭圆形气缸中，转子的主轴和椭圆中心重合。

作为第三代压缩机，由于旋转叶片式压缩机的体积和质量可做到很小，易于在狭小的发动机舱内进行布置，加之噪声和振动小以及容积效率高等优点，在汽车空调系统中得到了一定的应用；但是旋转叶片式压缩机对加工精度要求很高，制造成本较高。

4）涡旋式压缩机

涡旋式压缩机可以称为第四代压缩机，其剖视图如图2-59所示。涡旋式压缩机按结构主要分为动静式和双公转式两种。目前动静式压缩机的应用最为普遍，它的工作部件主要由动涡轮与静涡轮组成，动、静涡轮的结构十分相似，都是由端板和由端板上伸出的渐开线型涡旋齿组成，两者偏心配置且相差180°相位角，静涡轮静止不动，而动涡轮在专门的防转机构的约束下，由曲柄轴带动做偏心回转平动，即无自转，只有绕静涡轮轴线的公转。

图2-59 涡旋式压缩机剖视图

涡旋式压缩机的工作原理如图2-60所示。相互错开180°的涡旋叶片圈组合一对啮合，动圈（动涡轮）以很小的回旋半径绕定圈（定涡轮）轴线公转。如图2-60（a）所示，在吸气终了时，一对涡旋圈共形成两对月牙形容积。最大的月牙容积即将开始压缩。动圈涡旋中心绕定圈涡旋中心连续公转，原最大的月牙容积实现图2-60(a)→图2-60(b)→图2-60(c)所示的压缩，达到预定压力，由排气口排出。在最大的月牙容积压缩的同时，在动圈和定圈的外周形成吸气容积，连续回转运动过程中，也实现了相同的压缩，如此周而复始完成吸气、压缩、排气过程。

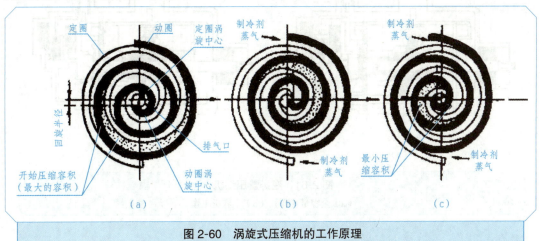

图2-60 涡旋式压缩机的工作原理

（a）吸气结束；（b）压缩行程；（c）排气开始之前

涡旋式压缩机具有很多优点，例如，压缩机体积小，质量轻，驱动动涡轮运动的偏心轴可以高速旋转；因为没有了吸气阀和排气阀，涡旋式压缩机运转可靠，而且容易实现变转速运动和变排量技术；多个压缩腔同时工作，相邻压缩腔之间的气体压差小，气体泄漏量少，容积效率高；涡旋式压缩机以其结构紧凑、高效节能、微振低噪以及工作可靠性等优点，在小型制冷领域获得越来越广泛的应用，也因此成为压缩机技术发展的主要方向之一。

5）变排量压缩机

变排量压缩机常用于自动空调控制系统中，在斜盘式压缩机基础上，加设一个变排量机构，可以使全部气缸（10个气缸，即全容量）同时工作，也可以使部分气缸（5个气缸，即半容量）工作。变排量机构主要由柱塞、电磁阀、单向阀、排气阀等组成，其原理是：空调 ECU 根据冷却液温度传感器信号，确定是否给变排量机构的电磁阀线圈通电，以控制压缩机在全容量和半容量之间转换。

工作过程如下：全容量工作时，ECU 不给电磁线圈通电，电磁阀在弹簧的作用力下将 A 孔打开，B 孔关闭，如图 2-61（a）所示。高压制冷剂从旁通回路进入，作用在柱塞右侧并使其移动，直至排气阀压在阀盘上，于是压缩机的所有气缸都能随活塞的运动而产生高压，此时即为压缩机全容量工作。此时单向阀在高压作用下，将 C 孔打开，使压缩机前后高压气体一起进入冷凝器。

半容量工作时，ECU 给电磁阀线圈通电，电磁阀中阀芯在电磁力作用力下将 A 孔关闭，B 孔打开，如图 2-61（b）所示。高压制冷剂就不能从旁通回路进入，柱塞则不能使排气阀压在阀盘上，于是压缩机只有部分气缸能随活塞的运动而产生高压，此时即为压缩机半容量工作。此时单向阀将 C 孔关闭，防止压缩机前部产生的高压制冷剂回流。

压缩机停止工作时，单向阀关闭 C 孔；压缩机起动时，以半容量工作，从而减少压缩机起动时的振动。

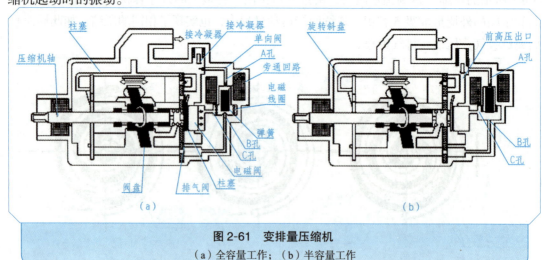

图 2-61　变排量压缩机
（a）全容量工作；（b）半容量工作

2. 冷凝器

1）冷凝器的作用

汽车空调冷凝器的作用是把压缩机排出的高温、高压制冷剂气体，通过冷凝器将热量散发到车外空气中，从而使高温、高压的制冷剂气体冷凝成中温的高压液体。从压缩机压出高温约 80 ℃、高压约 1.5 MPa 的气态制冷剂流入冷凝器芯管中，在风扇转动或车辆行驶时空气吹过冷凝器，冷却芯管中的制冷剂变为中温约 40 ℃、高压约 1.1 MPa 的液态制冷剂。

2）冷凝器的安装

汽车空调冷凝器通常安装在汽车前部（见图 2-62）、侧部或底部，容易受到腐蚀，因此冷凝器表面必须采取防腐措施。

安装冷凝器应注意：从压缩机来的制冷剂必须从冷凝器的上端进口进入，经冷却后的制冷剂则必须从冷凝器下端出口流出。如果安装错误，容易导致制冷系统压力升高，严重时致冷凝器胀裂。

图 2-62　汽车空调冷凝器的安装位置

3）冷凝器的主要结构形式

汽车空调系统冷凝器的结构形式主要有管片式、管带式和平行流式三种。冷凝器的结构从管片式向管带式发展，并主要向平行流式发展。目前我国轿车上主要采用全铝管带式冷凝器和平行流式冷凝器。

管片式冷凝器和管带式冷凝器的结构及加工工艺与同蒸发器基本相同，只是管片的间距较大，冷凝器厚度方向的尺寸比蒸发器小，如图 2-63 和图 2-64 所示。

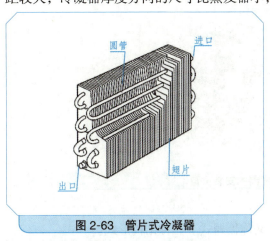

图 2-63　管片式冷凝器

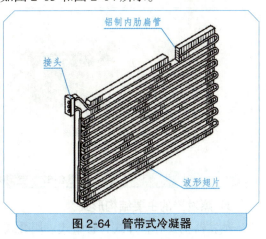

图 2-64　管带式冷凝器

4）冷凝器的组成及工作原理

下面以平行流式冷凝器为例介绍冷凝器的组成及工作原理。

平行流式冷凝器的结构如图 2-65 所示。它由圆柱集流管、铝制内肋扁管、波形散热翅片、连接管组成，是为适应制冷剂 R134a 而研制的冷凝器。

平行流式冷凝器的工作原理如图 2-66 所示。平行流式冷凝器在两条集流管间用多条扁管相连，将几条扁管隔成一组，使进入处管道多，逐渐减少每组管道数，实现了冷凝器内制冷剂温度及流量分配均匀，提高了换热效率，降低了制冷剂在冷凝器中的压力消耗，这样就可减少压缩机的功耗。由于管道内散热面积得到充分利用，对于同样的迎风面积，平行流式散热器的换热量得到了提高。

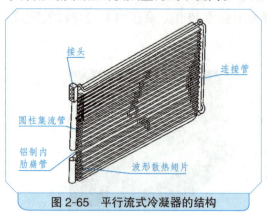

图 2-65 平行流式冷凝器的结构

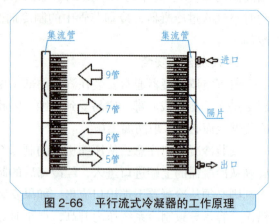

图 2-66 平行流式冷凝器的工作原理

3. 蒸发器

1）蒸发器的作用

蒸发器的作用与冷凝器的作用相反，制冷剂起吸热作用，流经蒸发器的空气受到冷却，制冷系统工作时，高压液态制冷剂通过膨胀阀而使压力降低，变成湿蒸气进入蒸发器芯管，吸收散热片及周围空气的热量。

2）蒸发器的安装位置

蒸发器通常安装在汽车空调单元中，如图 2-67 所示。

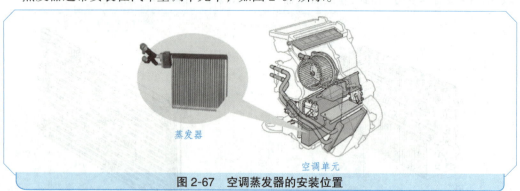

图 2-67 空调蒸发器的安装位置

3）蒸发器的主要结构形式

蒸发器主要有管片式、管带式、层叠式（又称板翅式）三种结构形式。

（1）管片式蒸发器。如图 2-68 所示，管片式蒸发器由铜质或铝质圆管套上的铝散热片组成，经胀管工序使散热片与圆管紧密接触，结构比较简单，加工方便，与一般房间空调器的设备相同，但管片式蒸发器的换热效率较差。

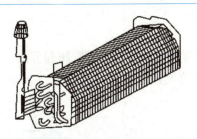

图 2-68 管片式蒸发器

（2）管带式蒸发器。如图 2-69 所示，管带式蒸发器由多孔扁管与蛇形散热铝带焊接而成，工艺比管片式蒸发器复杂，焊接技术难度大，需采用复合铝材（表面覆盖一层 0.02～0.09 mm 厚的焊药）及多孔扁管型材，但换热效率比管片式蒸发器高 10% 左右。

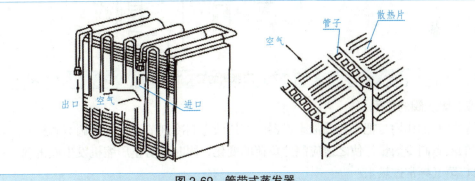

图 2-69 管带式蒸发器

（3）层叠式蒸发器。层叠式蒸发器又称板翅式蒸发器，如图 2-70 所示，它由两片冲压成复杂形状的铝板叠在一起形成制冷剂通道，每两条通道之间夹有蛇形散热铝带。此种类型的蒸发器需要双面复合铝材，且焊接技术要求高，加工难度大，但其换热效率比管带式蒸发器高约 10%，结构也比较紧凑。

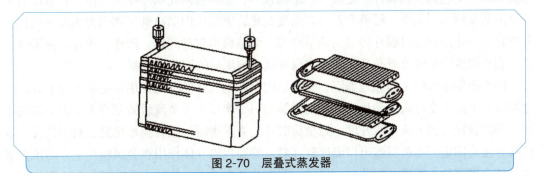

图 2-70 层叠式蒸发器

4. 膨胀阀

1）膨胀阀的安装位置

空调制冷系统的节流装置包括膨胀管式膨胀阀和节流管式膨胀阀,是组成汽车空调制冷装置的主要部件（安装在蒸发器入口处,如图 2-71 所示）,也是汽车空调制冷系统的高压与低压的分界点。

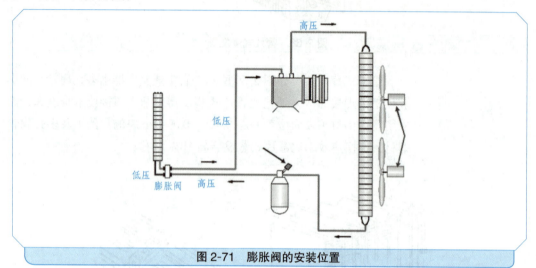

图 2-71 膨胀阀的安装位置

2）膨胀阀的作用

膨胀阀的作用是把来自储液干燥器的高压液态制冷剂节流减压,调节和控制进入蒸发器中的液态制冷剂量,使之适应制冷负荷的变化,同时可防止压缩机发生液击现象和蒸发器出口蒸气异常过热。

3）膨胀阀的类型与结构原理

根据制冷系统节流装置结构特点的不同,现代汽车常用的节流装置有热力膨胀阀、H形膨胀阀和节流管式膨胀阀等。

（1）热力膨胀阀。根据平衡方式,热力膨胀阀分为内平衡膨胀阀和外平衡膨胀阀两种。

①内平衡膨胀阀。内平衡膨胀阀的结构如图 2-72 所示。它由节流孔、感温系统和调节机构等组成。节流孔的孔径一般为 1~3 mm,其作用是对液态高压制冷剂节流降压。感温系统主要包括金属膜片、毛细管、感温包等,感温包内充满制冷剂气体,它通过毛细管感应蒸发器出口温度,随蒸发器出口温度变化,感温包内制冷剂气体压力也发生变化,并将这种变化通过金属膜片传递给调节机构。调节机构包括阀体、阀座、顶杆、弹簧等,用来直接改变膨胀阀节流孔开度,以实现对制冷剂流量的调节和控制。

内平衡膨胀阀的工作原理如下：感温包内制冷剂气体的压力作用在金属膜片上方,而金属膜片下面承受经阀芯和顶杆传来的弹簧力与平衡压力（节流后的制冷剂压力）共同作用,阀芯直接控制节流孔的开度。当金属膜片受力平衡时,金属膜片位置、阀芯位置、节流孔开度均固定。当蒸发器出口温度较高时,感温包内气体作用在金属膜片上方的压力增大,使金属膜片、顶杆、阀芯向下移动,节流孔开度增大,使进入蒸发器的制冷剂流量增加,制冷量也相应增大；反之,当蒸发器出口温度较低时,节流孔开度减小,进入蒸发器的制冷剂流量减小，制冷量也相应减少。由于平衡压力是由膨胀阀内部将节流后的制冷剂引至金属膜片下方产生的，因此称为内平衡膨胀阀。

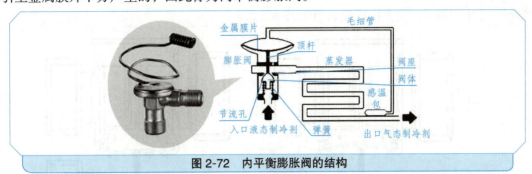

图 2-72　内平衡膨胀阀的结构

②外平衡膨胀阀。外平衡膨胀阀与内平衡膨胀阀的结构和工作原理基本相同，只是平衡压力用外平衡管路从蒸发器出口引至金属膜片下方，其结构如图 2-73 所示。相比而言，两种膨胀阀都是通过感温包感应蒸发器出口温度，但内平衡膨胀阀感应的压力是蒸发器进口压力，而外平衡膨胀阀感应的压力是蒸发器出口压力，由于蒸发器内部存在压力损失，导致外平衡膨胀阀感应的温度与压力不匹配，因此控制精度较差，但其结构简单。

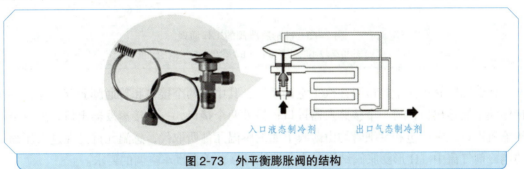

图 2-73　外平衡膨胀阀的结构

（2）H 形膨胀阀。H 形膨胀阀是一种整体型膨胀阀，它取消了外平衡膨胀阀的外平衡管和感温包，使其直接与蒸发器进出口相连。H 形膨胀阀的结构如图 2-74 所示。

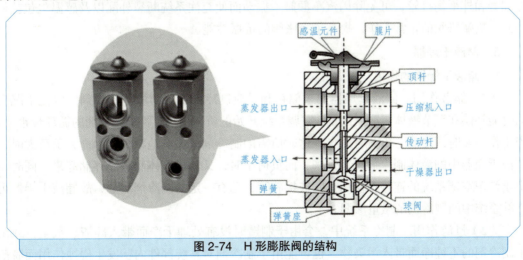

图 2-74　H 形膨胀阀的结构

H形膨胀阀实际上是把感温包缩到阀体内的回气管路上,从而提高了阀的工作灵敏度。但这种结构加工难度较大,膜片中心开孔也会影响膜片的开闭特性,H形膨胀阀因其内部通路形同H而得名,其工作原理如图2-75所示。

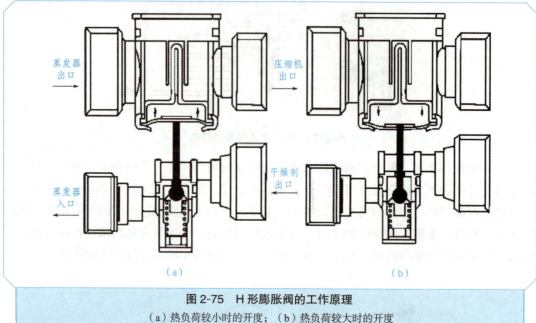

图2-75 H形膨胀阀的工作原理
(a)热负荷较小时的开度;(b)热负荷较大时的开度

H形膨胀阀有四个接口通往汽车空调系统,其中,两个接口和普通膨胀阀一样,一个接储液干燥器出口,另一个接蒸发器进口;另外两个接口,一个接蒸发器出口,另一个接压缩机进口,感温包和毛细管均由薄膜下面的感温元件所取代,感温元件处在进入压缩机的制冷剂气流中。H形膨胀阀结构紧凑,性能可靠,适合汽车空调的要求。

H形膨胀阀安装在蒸发器的进出管之间,阀上端直接暴露在蒸发器出口介质上,感应温度不受环境温度影响,也不需要通过毛细管而造成时间滞后。由于该膨胀阀无感温包、毛细管和外平衡接管,可免除因汽车颠簸、振动而使充注系统断裂外漏以及感温包包扎松动而影响膨胀阀的正常工作,提高了膨胀阀的抗振性能。

5. 储液干燥器

1)储液干燥器的作用

(1)储液作用。储液干燥器用来储存和供应制冷系统内的液体制冷剂,以便工况变动时能补偿和调节液体制冷剂的量。空调系统开始的负荷量大,要求制冷剂的循环量也大。当工作一段时间之后,负荷将减少,这时所需的制冷剂量相应地减少。因此,负荷大时,储液干燥器中的液体制冷剂补充进来,而负荷小时,又可将液体制冷剂存储起来。同时,由于汽车空调系统的连接管使用橡胶连接软管,总有一定的制冷剂泄漏,故储液干燥器可弥补系统中的制冷剂的微量渗漏。

(2)过滤作用。制冷系统中,会由于制造时没有处理干净而带入碎渣、灰尘,或由于制冷剂的不纯净而带入污染物,也可能由于制冷剂对系统部件内壁发生侵蚀作用而脱落杂质，管道中也可能产生污物，还有压缩机运行带进的金属磨屑等。所以，常常需要通过过滤来清除掉这些机械杂物和污物，保证制冷剂顺利流通，不致因堵塞而影响正常工作。

（3）干燥作用。储液干燥器用来吸收制冷剂中的水分。水分来源于制冷剂干燥不严格，或有空气进入，或冷冻油中溶解的水分。水分的存在有可能造成"冰堵"。

2）储液干燥器的类型与结构原理

用在汽车空调制冷系统上的储液干燥器有两种，它们的结构和功能以及安装位置都不相同，一种安装在冷凝器和膨胀阀之间，即通常所说的储液干燥器，如图2-76（a）所示；另一种安装在蒸发器后面，称为吸气储液器，如图2-76（b）所示。吸气储液器多用于CCOT（节流膨胀管）系统。

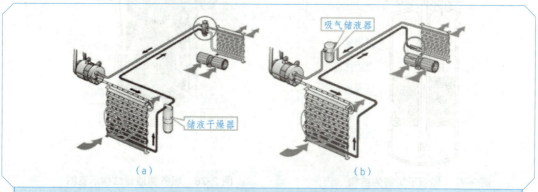

图2-76 储液干燥器与吸气储液器的安装位置
（a）储液干燥器的安装位置；（b）吸气储液器的安装位置

（1）储液干燥器。储液干燥器的结构如图2-77所示。它由玻璃观察窗、吸取管、粗滤清器、干燥剂、滤清器及壳体组成。观察窗是安装在制冷剂通道中的一块玻璃，用来观察制冷剂的流动状况。有些储液干燥器上装有易熔塞。若因冷凝器散热不良或其他零部件过热使其温度急剧上升，当储液干燥器的温度升至100～156℃、压力高达3.0MPa时，易熔塞的低熔点金属就熔化，并把制冷剂排放到大气中去，防止整个系统遭受损坏。在干燥器体内装有滤清器和干燥剂。滤清器由多层不同网目的金属滤网组成，并用铜丝布、纱布、药棉等材料填充，可滤除制冷剂中的各种杂质；干燥剂一般为硅胶或分子筛，用来吸收制冷剂中的水分。

（2）吸气储液器。用节流管代替膨胀阀时，汽车空调系统要在低压侧安装吸气储液器。吸气储液器是一种特殊形式的储液干燥器，用于回气管路中的气液分离。使用节流管的汽车空调制冷系统（CCOT）总是存在一种可能性，即制冷剂离开蒸发器时，还是液体。为了防止液态制冷剂损坏压缩机（即所谓的"液击"），必须在蒸发器出口和压缩机进口之间安装吸气储液器，以防止液态制冷剂通过。液态制冷剂在吸气储液器蒸发，然后以气态形式进入压缩机。

图2-78所示为吸气储液器结构示意图，其工作过程如下：

①从蒸发器流出的制冷剂进入储液器，如果其中含有水分，会通过干燥器滤掉。

②气态制冷剂被收集到塑料盖的顶部，再通过U形管进入压缩机，以确保制冷剂全

部为气态。

③液态制冷剂和一部分冷冻油被收集在储液器的底部，通过下面的节流孔以蒸气的形式进入压缩机。

④U形管处的滤网可以滤除制冷剂中的杂质。

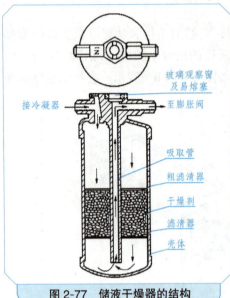

图 2-77 储液干燥器的结构

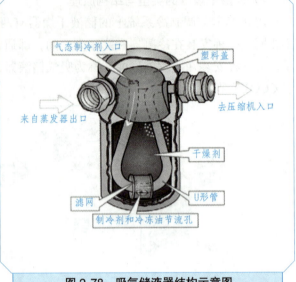

图 2-78 吸气储液器结构示意图

二、汽车空调制冷系统的控制装置

为保证制冷系统正常工作，并使车内保持所需的温度，必须设有制冷系统的运行保护控制装置和发动机工况控制装置。

1. 电磁离合器

在离合器控制的制冷系统中，电磁离合器通常安装于压缩机前端，用来控制压缩机的停机、开机，它是制冷自动控制系统的执行部件，受恒温器、压力开关、A/C 开关等控制。

电磁离合器是根据电磁线圈通电后能够产生磁场这个原理制成的，如图 2-79 所示。当电磁线圈通电时，其产生的磁场将对衔铁

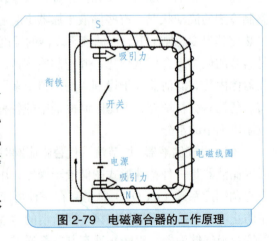

图 2-79 电磁离合器的工作原理

产生吸力，使衔铁吸靠在线圈中的导磁体（磁轭）上。如果电磁线圈呈旋转状态，则衔铁将跟随一同旋转。

电磁离合器主要由驱动盘、压盘、带轮、轴承、衔铁、电磁线圈等组成，如图 2-80 所示。

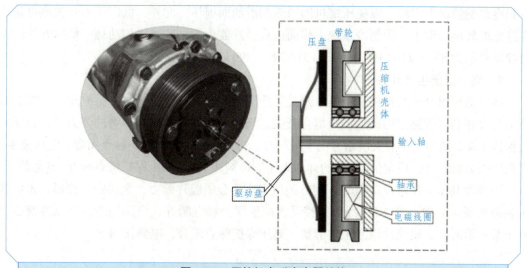

图 2-80　压缩机电磁离合器结构

电磁线圈固定在压缩机前缸盖上，转子轴承压装在前缸盖凸缘上，带轮通过轴承和卡环保持在电磁线圈上。驱动盘和压盘通过铆接的弹簧片连为一体，而驱动盘上的轴套套装在压缩机主轴的键上。带轮为电磁离合器的主动部分，驱动盘和压盘则为从动部分；当电磁线圈断电时，没有磁力作用，压盘与带轮分开，带轮在轴承上自由转动，压缩机不工作；当电磁线圈通电时，磁场吸引压盘，使其与带轮接合，带轮通过压盘、驱动盘驱动压缩机主轴转动，压缩机开始工作。

上述电磁离合器的电磁线圈是固定不动的，所以称为定圈式电磁离合器。有些电磁离合器的电磁线圈是转子的一个组成部分，随转子一起转动，利用装在压缩机上的电刷给运动的线圈通电，称为动圈式电磁离合器。除电磁线圈的固定位置不同外，动圈式和定圈式两种电磁离合器的结构和工作原理相同。由于动圈式电磁离合器的易损件多，因此应用较少。

2. 制冷剂压力开关

压力开关属于保护元件，通过对电磁离合器电路和冷凝器风扇电路的控制来实现压缩机停、开或风扇高、低速运转，从而防止系统因压力和温度过高或过低而损坏。压力开关分高压压力开关和低压压力开关，可根据压力的变化开、闭触点，故又称压力继电器。

1）高压压力开关

高压压力开关安装在压缩机至冷凝器的管路上，用于防止系统压力过高。当因冷凝器散热不良、散热堵塞和风扇损坏等，导致冷凝压力出现过高时，开关自动切断电磁离合器电路，使压缩机停止工作，或接通冷却风扇高速挡电路，自动提高风扇转速，以降低冷凝温度和压力。在汽车空调系统中，高压开关的压力控制范围为 2.82～3.10 MPa 时断开，为 1.03～1.73 MPa 时接通。

2）低压压力开关

汽车制冷系统中的低压压力开关通常设在高压回路中，其主要作用是防止压缩机在缺少制冷剂的情况下空转，以免压缩机因缺乏润滑油而损坏。此外，低压压力开关也可防止在过低的环境温度下，因制冷系统工作而造成蒸发器表面结冰和增加功耗。低压开关的压力控制范围为80～110 kPa时断开，为230～290 kPa时接通。

3）高、低压组合开关

高、低压组合开关是将高压压力开关与低压压力开关组合成一体的保护开关，图2-81所示为设在高压管路中的高、低压组合开关。当制冷剂的压力超过弹簧的弹力时，金属膜片保持不动，动触点朝箭头所示方向［图2-81（a）］移动，低压保护触点闭合，电路接通；当低压压力低于某一设定值，弹簧的弹力大于制冷剂压力时，低压保护触点断开，电路断开。

当制冷剂压力超过设定值时，制冷剂压力高于金属膜片弹力，金属膜片变形，推动销子朝箭头所示方向［图2-81（b）］移动，高压保护触点断开，电路切断；当制冷剂压力低于某一值时，金属膜片恢复正常形状，高压保护触点闭合，电路接通。

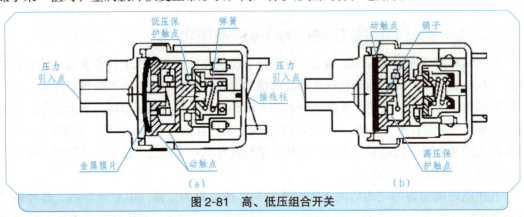

图2-81　高、低压组合开关

3. 恒温器

恒温器又称温度控制器或恒温开关，是汽车空调系统中的温度控制部件，感受的温度有蒸发器表面温度、车内温度、大气温度等。恒温器通常是指感应蒸发器表面温度从而控制压缩机的停、开，起到调节车内温度及防止蒸发器结霜的电气开关装置。在离合器控制的制冷系统中，恒温器有三种形式：波纹管式、双金属片式和热敏电阻式。

1）波纹管式恒温器

波纹管式恒温器是一种热力机械式温度控制开关，它是将一根由毛细管连接的温度传感器（感温包）放在需要感温的部位，一般插在蒸发器中间，其工作原理如图2-82

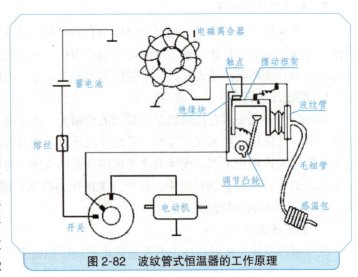

图2-82　波纹管式恒温器的工作原理

所示。波纹管与摆动框架相连，框架上有一个动触点，恒温器壳体上有一个定触点；当流过的空气温度升高时，毛细管里的气体膨胀，对波纹管产生一个压力，波纹管推动框架，使两个触点闭合，电流接通，电磁离合器产生吸力。通过外部调整旋钮使调节凸轮转动，可实现人工温度调节，旋钮顺时针方向转动时，弹簧拉紧，车内温度比较高时，才能使触点闭合。

2）双金属片式恒温器

如图 2-83 所示，双金属片式恒温器由两片膨胀系数不同的金属片组成，上面有一个动触点，壳体上有一个定触点。在设定温度范围内，双金属片平伸，触点闭合，电路接通。当冷空气通过恒温器时，引起恒温器中的双金属片弯曲变形，随着空气温度的不断降低，双金属片的弯曲变形量不断增大，直到触点断开，电路切断。当温度升高时，双金属片变形逐渐恢复，直到温度升高到一定值时，触点重新闭合，电路接通。

双金属片式恒温器结构简单，价格便宜，但必须放在蒸发箱中，布置有一定困难，而波纹管式恒温器用一根长的毛细管感应温度，恒温器本体可布置在稍远的合适部位，布置方便，因此波纹管式恒温器比双金属片式恒温器应用广泛。

3）热敏电阻式恒温器

热敏电阻式恒温器实际是一个小圆片形的热敏电阻，热敏电阻插在蒸发器芯子中间（或其他需要感温的部位），并用导线与晶体管电路系统相连，如图 2-84 所示。温度变化使热敏电阻的电阻值发生变化，从而控制电路的接通与断开。

热敏电阻有两种：一种电阻具有负温度特性，即温度升高，电阻值下降；另一种电阻具有正温度特性，即温度上升，电阻值上升。

热敏电阻式恒温器的调节精度主要由热敏电阻特性决定，若热敏电阻特性不良，会造成较大调节误差。如果蒸发器表面温度达到 0 ℃ 还不切断电路，就会造成蒸发器结霜。

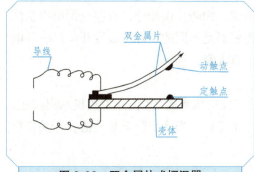

图 2-83 双金属片式恒温器

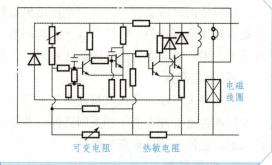

图 2-84 热敏电阻式恒温器电路

4. 过热开关与热力熔断器

当制冷系统缺少制冷剂时，若压缩机继续工作，将会因缺少润滑及过热而损坏。过热开关就是在上述情况下，接通热力熔断器电路，熔断器熔化断路，使压缩机停止工作，起到自动保护作用。

1）过热开关

过热开关安装在压缩机缸盖里面，是一种温度-压力感应开关。在正常情况下，此开关处于断开位置,如图2-85所示。动触点安装在膜片上方,感温管内的气体压力作用在膜片下方。当系统处于正常状态时,膜片总成使动触点离开接线柱,过热开关保持常开。当系统因泄漏等导致制冷剂不足时,压缩机温度异常升高,感温管内的气体膨胀并推动向膜片,使过热开关闭合,接通热力熔断器电路。

2)热力熔断器

热力熔断器是与过热开关配套工作的,它由熔断器和绕线电阻器(加热器)组成,如图2-86所示。当过热开关闭合时,通向电磁离合器的电流通过热力熔断器中的加热器,使加热器温度升高,直到把熔断器熔化,使电磁离合器电路断路,压缩机停止工作。

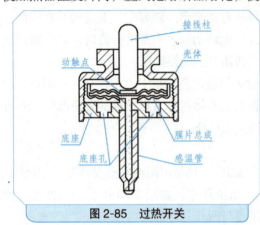

图2-85 过热开关

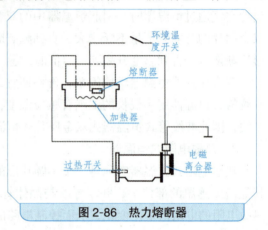

图2-86 热力熔断器

因为熔化熔丝需要一定的时间,对于短时间(一般约3 min)内的高温现象是不起作用的。短时间异常过热,也不足以对系统工作产生太大影响。

5. 环境温度开关、水温开关与除霜开关

1)环境温度开关

在过低的环境温度下,开空调压缩机显然是浪费,为防止误动作,有些空调制冷系统中设有环境温度开关。环境温度开关与环境温度传感器是不同的,环境温度开关是一种电气开关,因环境温度的改变而断开或闭合,控制压缩机停、开。

2)水温开关

水温开关装在发动机水箱或冷却水管路中,感应发动机水温,以防止发动机水温过热。当水温超过某一规定值,开关断路使空调压缩机停止工作;当水温降至某一值,开关又自动接通,空调压缩机重新工作。

3)除霜开关

为了消除蒸发器外表面的积霜,有些空调制冷系统在膨胀阀与蒸发器之间的管路外壁设有除霜开关的传感器,其工作原理如图2-87所示。当温度到达0 ℃时,波纹管收缩,除霜开关接通继电器的电磁线圈电路,线圈产生电磁力,使继电器开关断开,压缩机停止工作;直到蒸发器温度上升到一定值后,除霜开关断开,继电器开关闭合,压缩机重新工作。

6. 旁路电磁阀

旁路电磁阀是一种开关式的旁通自动阀门,用以控制制冷剂旁通管路(简称旁路)的通断。其结构如图 2-88 所示,电磁线圈通电时,产生电磁力,将铁心、阀杆和阀吸向上方,使阀开启,管路开通;电磁线圈断电时,电磁力消失,铁心在重力和回位弹簧作用下落下,使阀关闭,管路不通。

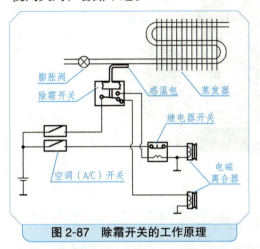

图 2-87　除霜开关的工作原理

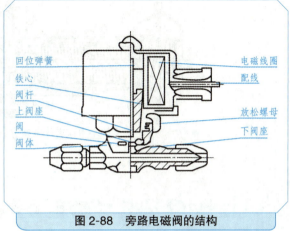

图 2-88　旁路电磁阀的结构

旁路电磁阀通常安装在储液干燥器与压缩机进口之间的旁路中,当蒸发温度过低时,通过减少进入蒸发器的制冷剂流量来提高蒸发温度。当蒸发器的出口温度低于设定温度时,控制电路使旁路电磁阀开启,部分高温高压制冷剂气体不经蒸发器被吸入压缩机,从而减少了进入蒸发器的制冷剂流量,使制冷量减少,以防止蒸发器结霜。当蒸发器的出口温度上升到一定值时,控制电路又使旁路电磁阀关闭。上述过程不断重复,在防止蒸发器结霜的同时,也使车内温度控制保持在一定范围内。

有些空调制冷系统,将旁路电磁阀安装在压缩机出口与蒸发器之间的旁路中。当蒸发温度过低时,通过旁路直接将从压缩机排出的高温高压气体制冷剂引入蒸发器,以达到提高蒸发温度、防止蒸发器结霜和控制车内温度的目的。

7. 蒸发压力调节阀

在离合器控制的制冷系统中,一般通过离合器控制压缩机的停、开来调节制冷量,以达到防止蒸发器结霜和控制车内温度的目的。而在蒸发压力控制的制冷系统中,一般采用蒸发压力调节阀来控制蒸发压力,以调节制冷量。常用的蒸发压力调节阀有吸气节流阀、先导阀操纵的绝对吸气节流阀、罐中阀、蒸发压力调节器等。

1)吸气节流阀

吸气节流阀(Suction Throttling Value,STV)的作用是控制蒸发器蒸发压力不得超出 0.298~0.308 MPa,以防止蒸发器表面结霜。吸气节流阀主要由控制阀、调节机构和真空膜盒三部分组成。图 2-89 所示为吸气节流阀的具体结构。控制阀上共有 5 个接口,分别为蒸发器、压缩机、外平衡管、溢油管和压力表接口。阀体内有一个配合精密、可以左右移动的活塞,用于控制蒸发器的蒸发压力。活塞上有一对小孔,目的是当活塞全部封死蒸发器到压缩机的通道时,仍保留有少量的制冷剂输送到压缩机中,以防止压缩机做真空泵运动而耗功,减少能量损失。

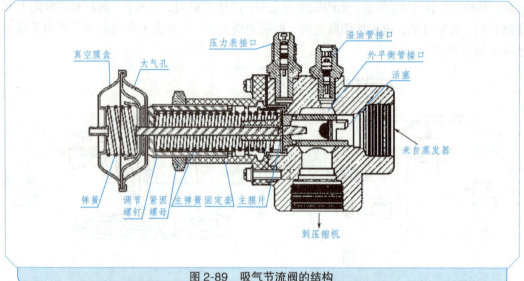

图 2-89 吸气节流阀的结构

吸气节流阀的工作原理：主膜片作为控制活塞动作的元件，受到 4 个力的作用，蒸发压力和膜盒的真空吸力推动活塞向左移动，迫使膜片左移；主弹簧力和大气压力使膜片向右移动。当蒸发压力为 0.298 MPa 时，活塞刚好关闭蒸发器通往压缩机的通道，此时主膜片受到的 4 个力平衡，蒸发器内的饱和温度为 -1 ℃，传到蒸发器表面为 0 ℃，蒸发器不会结霜。当蒸发器的温度高于 0 ℃时，蒸发压力上升，推动活塞左移，使阀开度增大，蒸发器温度越高，阀开度越大，直到完全开启，以增大制冷剂流量，使制冷量增大。反之，当蒸发器的温度低于 0 ℃时，活塞右移，使阀开度减小，温度越低，阀开度越小，直到完全关闭，以减少制冷剂流量，使制冷量减少。

调节螺套用来调整主弹簧的预紧力，以调节吸气节流阀控制的最小蒸发压力。真空膜盒的作用是补偿海拔高度引起大气压变化的影响，即在高海拔地区切断真空膜盒的真空气路，使主膜片上不受真空吸力，以此来弥补高海拔的大气压下降，使蒸发器的压力仍保持原设计值，防止汽车高海拔运行时蒸发器结冰。

2）先导阀操纵的绝对吸气节流阀

由于吸气节流阀控制压力受海拔高度影响，且控制精度差，主膜片容易泄漏制冷剂，因此在现代汽车制冷系统中逐渐被先导阀操纵的绝对吸气节流阀（Pilot Operated Absolute Suction Throttling Value，POASTV）等所取代。

先导阀操纵的绝对吸气节流阀主要由活塞式的吸气节流阀和波纹管控制的先导阀两部分组成。图 2-90 所示为先导阀操纵的绝对吸气节流阀的具体结构，阀上有 5 个接口，分别为蒸发器、压缩机、外平衡管、溢油管和压力表接口。活塞由支撑板固定的弹簧支撑，活塞左右运动可控制蒸发器到压缩机的制冷剂主通道。铜制波纹管固定在支撑板上，内部处于高度真空状态，波纹管的顶端焊上针阀芯。支撑板和波纹管都由主弹簧支撑，主弹簧固定在阀壳上。

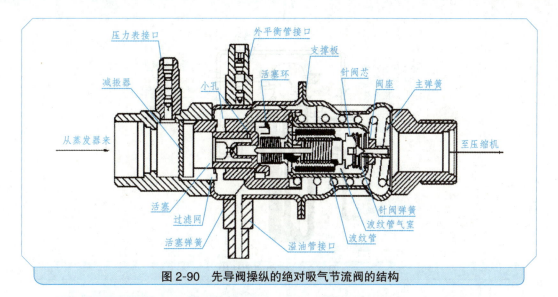

图 2-90 先导阀操纵的绝对吸气节流阀的结构

工作原理　活塞左侧承受蒸发压力，活塞右侧承受支撑弹簧力和背压（活塞右侧气体压力）。活塞背压取决于蒸发压力、针阀开度和压缩机吸气压力。波纹管随背压增大而缩短，随背压减小而伸长。当压缩机转速或车内温度变化时，活塞背压随之改变，引起波纹管的伸缩，并带动针阀移动改变针阀开度；针阀开度的变化，又引起活塞背压的变化，活塞控制的主通道开度也发生变化，从而实现对蒸发压力的调节。

当压缩机转速不变时，波纹管的伸缩使针阀处于时开时闭的临界状态，活塞处于平衡状态，以保持蒸发压力不变。

当蒸发压力降到设计值（一般为 0.298～0.308 MPa）时，活塞刚好关闭主通路，制冷剂只能通过小孔、针阀少量地流到压缩机，供压缩机在极低负荷下运转。

3）罐中阀

罐中阀是储液干燥器、热力膨胀阀和先导阀操纵的绝对吸气节流阀的组合体，其结构如图 2-91 所示。阀体采用铸铝件或工程塑料制成，阀体上有 4 个管接头，分别与冷凝器出口、蒸发器进口、压缩机进口和溢流管连接。上盖有两个管接头，一个与蒸发器出口连接，另一个是带自动阀的检修口。装在阀内的热力膨胀阀与先导阀操纵的绝对吸气节流阀之间，有一平衡孔相连，起到膨胀阀外平衡管的作用。膨胀阀的进口管处有一块可更换的视液玻璃（观察窗）。干燥器装在储液罐壳体内，是可以更换的。带滤网的液体吸出管伸到罐底部，滤网可防止杂质进入系统。上盖和储液干燥器都是薄铁片的冲压件。

罐中阀内装用的外平衡膨胀阀与前述结构略有不同，如图 2-92 所示，主要区别是：它取消了外平衡管和感温包，通过平衡孔从先导阀操纵的绝对吸气节流阀将蒸发器出口压力引入控制膜片下方，并在膜片上方的密封腔内充注一定量的制冷剂气体，这个密封腔通常称为膜盒，起到感温包的作用，它直接暴露在由蒸发器出口进入罐中阀的制冷剂气体中，感应蒸发器出口温度。外平衡膨胀阀工作原理与前述基本相同。

课题二 汽车空调制冷系统的维修

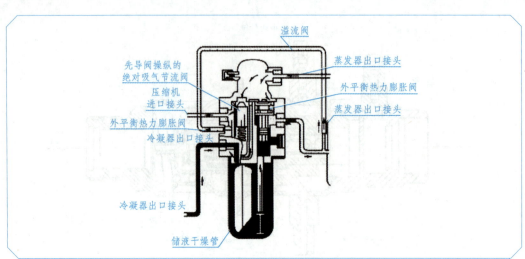

图 2-91 罐中阀的结构

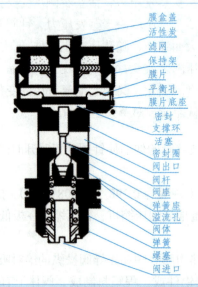

图 2-92 罐中阀内装用的外平衡膨胀阀

工作原理　从罐中阀出来的低压蒸气进入压缩机进行压缩，将其变成高压蒸气。经过冷凝器降温散热后，变成高压液体。高压液体进入罐中阀内的储液干燥器中，经过过滤、干燥后，再经吸管将制冷剂液体送至膨胀阀，经过降压后又从罐中阀流出，进入蒸发器。蒸发后的蒸气再次从蒸发器进入罐中阀的上部进气口，经过先导阀操纵的绝对吸气节流阀的压力调节后流出，送到压缩机进行下一次循环。

在制冷系统工作时，控制进入蒸发器液态制冷剂流量的是膨胀阀。控制蒸发压力的是先导阀操纵的绝对吸气节流阀。

4）蒸发压力调节器

蒸发器压力调节器（Evaporator Pressure Regulator，EPR）目前使用较多的是 EPR-Ⅱ型，其结构如图 2-93 所示。它是采用先导阀控制的一种蒸发器压力控制阀，但与先导阀操纵的绝对吸气节流阀有所不同，主要结构区别是：铜制波纹管内不是抽成真空，而是充注一种惰性气体（如氮气）。

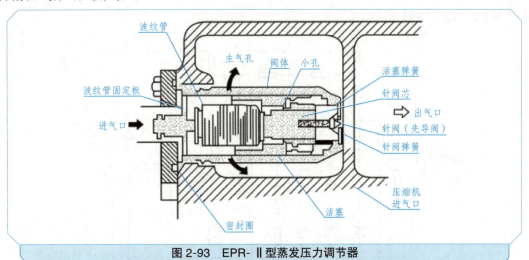

图 2-93　EPR-Ⅱ型蒸发压力调节器

工作原理　活塞左侧承受的蒸发压力与右侧的弹簧力平衡时，主气孔开度和针阀开度固定不变，保持蒸发压力不变。当蒸发压力升高时，活塞右移使主气孔开度增加，同时波纹管受压缩短，使针阀打开，供给蒸发器制冷剂流量增多，使制冷量增大，以降低蒸发压力和温度。当蒸发压力下降时，波纹管伸长，针阀逐渐关闭，同时活塞在弹簧力作用下逐渐向左移动，减小主气孔开度，供给蒸发器制冷剂流量减少，使制冷量也减少，以增大蒸发压力和温度。当蒸发器压力下降到设定值时，针阀关闭，活塞也刚好关闭主气孔，此时，只有极少量的制冷剂经小孔供给压缩机。

8. 发动机怠速控制装置

汽车临时停车和低速行驶时，发动机在怠速或小负荷工况下工作，此时发动机输出功率小，如果仍保持空调压缩工作，会造成发动机工作不稳定，甚至熄火。

为了保证发动机低速或怠速时工作稳定，空调系统必须装有发动机怠速控制装置。怠速控制装置主要分两种类型：怠速继电器和怠速提高装置。

1）怠速继电器

怠速继电器的作用是当发动机低速或怠速运转时，自动切断压缩机的离合器电路，停止压缩机工作，以减轻发动机的负荷，从而保证发动机工作稳定。这种类型的怠速控制装置在国产轿车应用较广泛。

怠速继电器是一种电路元件，目前大多采用集成电路。它感应来自点火线圈的脉冲信号，所需控制的转速设定值可由人工调节。怠速继电器控制压缩机停止工作时的转速：一般 6 缸发动机为 650 r/min 左右，4 缸发动机为 1 000 r/min 左右。当转速低于调定值时，继电器断开，切断压缩机电磁离合器电路，压缩机停止工作。当转速高于调定值时，继电器吸合，使电磁离合器电路接通，压缩机工作。怠速继电器的线路有很多种，图 2-94 所示为其中一种的线路原理图。怠速继电器在汽车上的安装接线图基本相同，如图 2-95 所示。

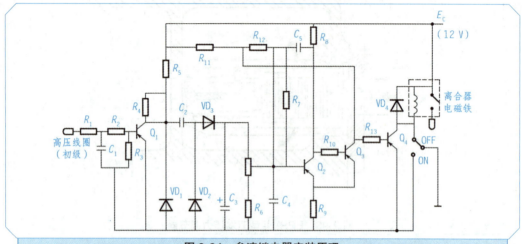

图 2-94　怠速继电器安装原理

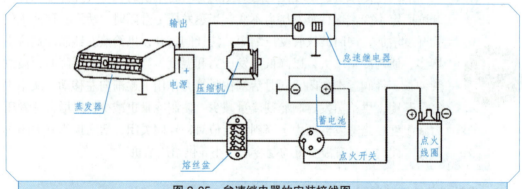

图 2-95　怠速继电器的安装接线图

2）怠速提高装置

高级轿车较多应用 TP（怠速提高装置）来提升怠速，如图 2-96 所示，在 TP 结构中，采用了螺线管式电磁阀、节流位置控制器、限位杠杆及负压延迟阀。节流位置控制器是一种真空膜盒或称真空马达，内有膜片，膜片上方有弹簧，膜片下方连接一根推杆。

使用空调时，A/C 开关接通，电流通过电磁阀，真空转换阀的真空回路被切断，大气压作用到位置控制器膜片上方，使限位器和杠杆向下转动，使节气门关闭时因碰到限位杠杆而不能全闭，保持微开状态，从而实现提高发动机怠速转速的目的。不使用空调时，没有电流流过电磁阀，位置控制器膜片上方承受真空作用，膜片被上吸，带动限位器和杠杆向上转，节气门可关闭至正常状态（图 2-96 中虚线位置），发动机转速恢复正常。

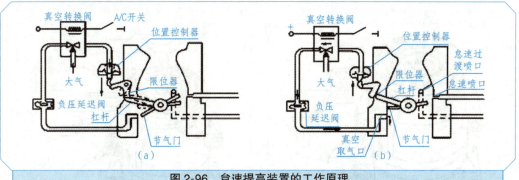

图 2-96 怠速提高装置的工作原理

【技能学习与考核】

一、压缩机离合器（V5-直接安装型）的拆装

1. 压缩机离合器盘和毂总成的拆卸（上海别克轿车）

（1）将 J41790 压缩机夹紧定位装置夹入台虎钳，并将压缩机装入 J41790 中。

（2）如图 2-97 所示，用 J33027-A 离合器毂固定工具固定住离合器毂和驱动盘总成，用 13 mm 套筒拆下压缩机轴的螺母。

（3）如图 2-98 所示，将 J33013-B 离合器毂和驱动盘安装器的毂拧入压缩机离合器毂上，拆下离合器毂和驱动盘总成。

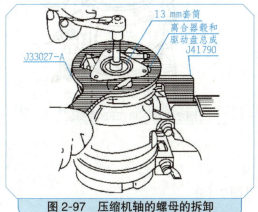

图 2-97 压缩机轴的螺母的拆卸

图 2-98 离合器毂和驱动盘总成的拆卸

（4）拆下轴键并放好，以便重新装配。

2. 离合器转子和/或轴承的拆卸程序

（1）如图 2-99 所示，将压缩机装在 J41970 上。

（2）如图 2-100 所示，拆下离合器毂和驱动盘总成，用外弹簧卡环钳子拆下离合器转子和轴承总成保持圈。

图 2-99 将压缩机装在 J41790 上

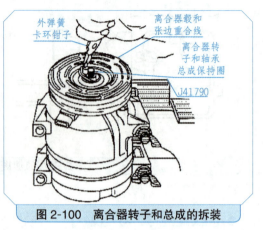

图 2-100 离合器转子和总成的拆装

（3）将 J33023-A 拆卸器先导阀放在离合器转子上，如图 2-101 所示。

（4）如图 2-102 所示，将 J41552 压缩机带轮拆卸器向下装入转子槽的内圆中。在槽中顺时针方向转动 J41552，使拆卸器上的凸舌与离合器转子啮合；用扳手固定 J41552，拆下离合器转子和轴承总成。

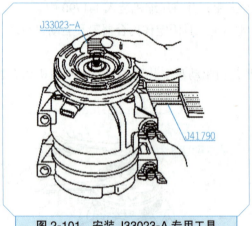

图 2-101 安装 J33023-A 专用工具

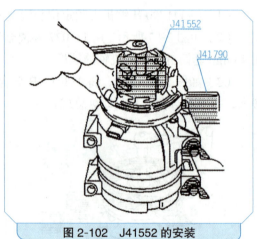

图 2-102 J41552 的安装

3. 压缩机离合器线圈的拆卸

（1）将压缩机安装到 J41790 上（见图 2-99）。

（2）将 J33023-A 安装到压缩机的前端（见图 2-101）。

（3）拆下压缩机离合器盘和毂总成。

（4）拆下压缩机转子和轴承总成。

（5）在压缩机前端的离合器线圈端子部位做记号。

（6）如图 2-103 所示，将 J33025 离合器线圈拆卸器支柱装到 J8433 压缩机带轮拆卸器上，将 J8433 装到压缩机离合器线圈并拧紧拆卸器支柱螺栓，拧紧用于拆卸工作的顶出螺钉 J8433-3，从压缩机带轮上拆下压缩机离合器线圈。

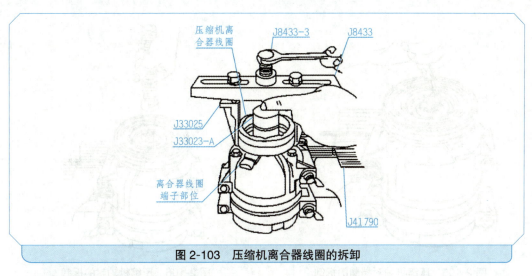

图 2-103　压缩机离合器线圈的拆卸

4. 压缩机控制阀总成的拆卸

（1）将压缩机装到 J41790 上（见图 2-99）。

（2）如图 2-104 所示，拆下压缩机控制阀挡圈（用内弹簧卡环钳子），从压缩机上拆下压缩机控制阀。

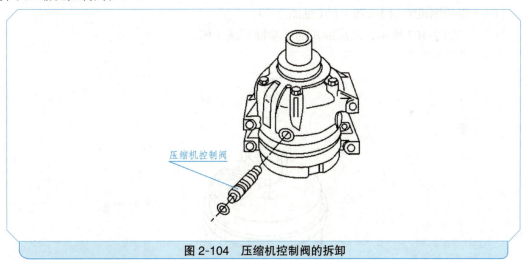

图 2-104　压缩机控制阀的拆卸

5. 压缩机轴封的拆卸

（1）将压缩机装在 J41790 上（见图 2-99）。

（2）拆下压缩机离合器盘和毂总成。

（3）如图 2-105 所示，用内弹簧卡环钳子拆下压缩机轴封挡圈。

（4）不要让任何灰尘或杂质进入压缩机，彻底清洁轴周围、压缩机轴颈内表面、压缩机轴封的外露部分、压缩机轴、O 形环槽。

（5）如图 2-106 所示，将 J42136A/C 凸缘密封拆卸器的凸缘完全嵌入密封件的凹口部分，然后顺时针转动手柄，旋转着将压缩机轴封从压缩机上拆下。

课题二 汽车空调制冷系统的维修

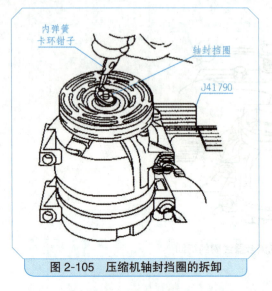

图 2-105 压缩机轴封挡圈的拆卸

图 2-106 压缩机轴封的拆卸

（6）重新检查轴和压缩机轴颈的内表面有无灰尘和杂质，确保在安装新的压缩机轴封之前这些表面完全清洁。

6．压缩机减压阀的拆卸

（1）将压缩机装到 J41790 上（见图 2-99）。

（2）如图 2-107 所示，从压缩机的后端拆下减压阀。

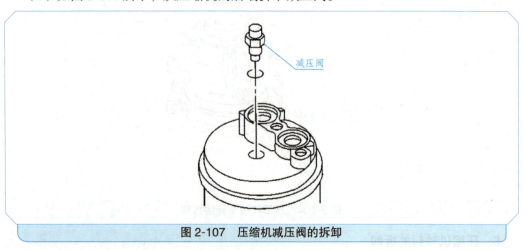

图 2-107 压缩机减压阀的拆卸

7．压缩机控制阀的安装（V5- 直接安装型）

（1）将干净的 525 黏度冷冻油涂在控制阀 O 形环上。

（2）将压缩机控制阀推入压缩机。

（3）用内弹簧卡环钳子安装压缩机控制阀挡圈，确保挡圈正确落座于环槽中。

（4）从 J41790 上拆下压缩机。

8．压缩机离合器盘 / 毂总成的安装

（1）如图 2-108 所示，将轴键装入毂的键槽中约 3.2 mm（伸出键槽）。轴键是被轻微弄弯的，以避免装入毂的键槽中发生干扰。

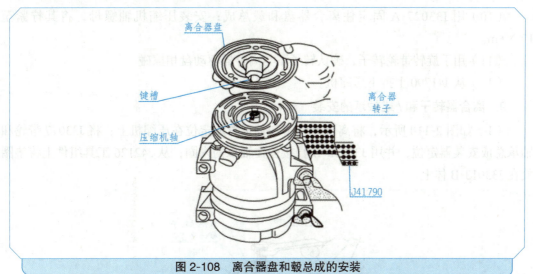

图 2-108　离合器盘和毂总成的安装

（2）在安装离合器盘和毂总成之前，清洁离合器盘和离合器转子的表面。

（3）将轴键与离合器盘和毂总成上的轴键槽对准装到压缩机轴上。

（4）拆下 J33013-B：从毂和驱动盘安装器体上拆下中心螺钉，将中心螺钉安装到毂和驱动盘安装器体的另一端（反端）。

（5）如图 2-109 所示，将 J33013-B 和轴承工具安装到离合器盘和毂总成上。退回毂和驱动盘安装器工具体，以便足够的空间让中心螺栓拧在压缩机轴的端部；将中心螺钉在压缩机轴的端部拧几圈，不要拧紧压缩机轴上的中心螺钉。

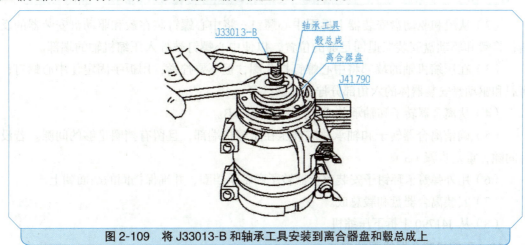

图 2-109　将 J33013-B 和轴承工具安装到离合器盘和毂总成上

（6）用扳手固定在中心螺栓：将毂和驱动盘安装器体的六角部分拧紧几圈；从离合器盘拆下毂和驱动盘安装器，确保轴键仍位于键槽中。

（7）重新装上 J33013-B。

（8）在离合器盘和离合器转子之间放一个塞尺，拧紧毂和驱动盘安装器的六角部分，直到离合器盘和离合器转子间的间隙为 0.40 mm 为止。

(9）拆下 J33013-B。

（10）用 J33027-A 固定住离合器盘和毂总成；安装压缩机轴螺母，将其拧紧至 17 N·m。

（11）用手旋转带轮转子，确认转子不与离合器驱动盘相擦碰。

（12）从 J41790 上拆下压缩机。

9. 离合器转子和/或轴承的安装

（1）如图 2-110 所示，将离合器转子和轴承总成定位在压缩机上；将 J33017 带轮和轴承总成安装器定位，并用 J33013-B 直接盖住轴承的内圈；从 J42126 工具组件上将垫圈放在 J33013-B 体上。

图 2-110　离合器转子和轴承的安装

（2）从毂和驱动盘安装器上拆下中心螺钉；将中心螺钉装在毂和驱动盘安装器的反端；将毂和驱动盘安装器退回足够的位置，以使中心螺钉被拧入压缩机轴的端部。

（3）在压缩机轴的端部将中心螺钉拧几圈，但不要拧紧；用扳手固定住中心螺钉；将毂和驱动盘安装器体的六角部分拧紧几圈。

（4）从离合器转子和轴承总成上拆下 J33013-B。

（5）确信离合器转子和轴承总成被压在压缩机端部，且留有挡圈足够的间隙。若没有间隙，重复步骤（3）。

（6）用外弹簧卡环钳子安装离合器转子和轴承挡圈，并确保挡圈的凸面朝上。

（7）安装离合器盘和毂总成。

（8）从 J41790 上拆下压缩机。

10. 压缩机离合器线圈的安装

（1）如图 2-111 所示，将离合器线圈总成放在前端，使离合器线圈端子的位置与拆卸时做的记号对应上；将 J33024 离合器线圈安装器接头放在离合器线圈壳体的内环上，并将安装器与压缩机的前端对准；将 J8433-3 装入 J8433，使中心螺钉在 J33024 的埋头中心孔。

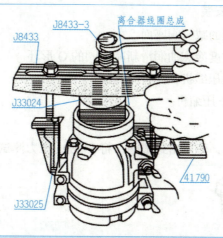

图 2-111 压缩机离合器线圈的安装

（2）从 J42136 工具组件，将 4 in（1 in ≈ 0.45 cm）的贯穿螺栓和垫片装入 J33025 离合器线圈拆卸器支柱，并将它们连在压缩机安装夹持器上。

（3）转动 J8433 的中央顶出螺钉，将离合器线圈压到前端，直到离合器线圈完全落座为止。

（4）安装压缩机离合器转子和轴承总成。

（5）安装压缩机离合器盘和毂总成。

（6）从 J41790 上拆下压缩机。

11. 压缩机轴封的安装

（1）将新的压缩机轴封浸入干净的 525 黏度冷冻油中，并将密封件装配到 J42136A/C 凸缘密封件拆卸器上（用手顺时针旋转）。

（2）将 J34614 轴封保护装置装到压缩机轴上。

（3）利用旋转运动，将新压缩机轴封滑装在压缩机轴上，直到密封件完全落座。

（4）通过顺时针方向旋转手柄的方法，拆下 J42136。

（5）用内弹簧卡环钳子安装一个新的压缩机轴封挡圈。

（6）如图 2-112 所示，用 J39893 泄漏测试接头对压缩机进行泄漏测试。

①将 J9625-A 泄漏测试接头装到压缩机上，并且用 R134a 向压缩机真空和高压侧加压。
②暂时装上轴螺母。
③使压缩机处于水平位置，用手按正常方向转动压缩机轴几圈。
④测出泄漏部位，必要时修理。
⑤拆下轴螺母。

（7）补充制冷剂。

（8）拆下并清洁任何在安装新密封件时从轴和压缩机颈内侧外漏的油。

（9）安装压缩机离合器盘和毂总成。

（10）从 J41790 上拆下压缩机。

12. 压缩机减压阀的安装

（1）清洁压缩机后端的减压阀座面。

（2）用干净的 525 黏度冷冻油润滑新减压阀的 O 形环。

（3）将新的减压装入压缩机，并将其紧固至 9 N·m。

（4）从 J41790 上拆下压缩机。

13. 压缩机泄漏测试

（1）如图 2-113 所示，使用密封垫圈，将 J39893 压力测试接头装到压缩机的后端。

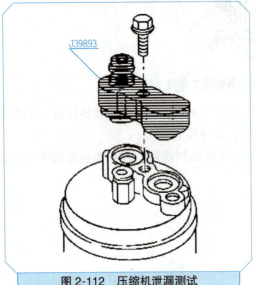

图 2-112　压缩机泄漏测试

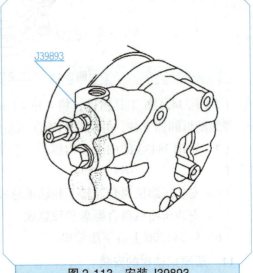

图 2-113　安装 J39893

（2）连上表线和 J39500-B R134a 空调制冷剂补充、循环和再充系统。

（3）用 R134a 制冷剂向压缩机的真空和高压侧加压。

（4）让压缩机处于水平位置，用手按工作方向旋转压缩机轴。

①转动轴几次。

②用 J39400-A 检查下列部位的泄漏情况：减压阀、后端开关、前端密封、后端密封、贯穿螺栓端座垫、压缩机轴封。

（5）进行必要的测量，确定外部泄漏点。

（6）任何修理后，应重新检漏。

（7）回收制冷剂。

（8）从 J39893 上脱开软管。

（9）拆下 J39893。

二、空调膨胀管（量孔）的更换

1. 拆卸（别克 GL8 空调系统）

（1）拆卸空气滤清器盖和管道总成。

（2）回收制冷剂。

（3）断开量孔上的液体管接头。

（4）用尖嘴钳小心钳住膨胀管边缘，不得接触滤网，向外拉出管子；用盖帽盖住或用胶带粘住蒸发器管，防止污染。

当拆卸堵塞的膨胀管遇到困难时，按下述步骤操作：

①尽可能多地清除坚实的残留物。

②距离进口管凹座约 6 mm 处小心加热，切勿使管道过热。

③加热时，用尖嘴钳夹住量孔管，一边旋转，一边推拉，这样，便可松开坚实的量孔管并将其拆卸下来。

④擦洗蒸发器进口管内部，清除管路上的任何污染物。

（5）如图 2-114 所示，检查膨胀管是否出现如下情况，并按要求清理或更换新管：

①塑料架断裂，更换膨胀管。

②滤网撕裂、损坏或被细小的砂粒材料堵塞，更换新管。

③黄铜量孔管堵塞或损坏，更换新管。

④滤网覆有金属屑、碎片或碎条，如果清洁能够令人满意，用车间低压空气清除覆盖层并重新使用。

⑤如果重新使用旧管，应更换一个新的 O 形密封圈。

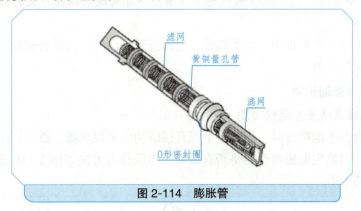

图 2-114　膨胀管

2. 安装

（1）拆下蒸发器管上的盖帽或胶带。

（2）用尖嘴钳小心钳住膨胀管边缘（管子的长滤网进口端），不可接触滤网，将管子（短滤网出口侧先进入）完全插入蒸发器管。

（3）拆下冷凝器管上的盖帽或胶带。

（4）用不起毛、清洁、干燥的抹布小心清理管接头密封面。

（5）将新 O 形密封圈涂上少许矿基 525 黏度冷冻油，不要使其进入制冷系统。

（6）将新 O 型密封圈小心套在管接头上。

（7）将液管接头安装到量孔上。

三、汽车空调系统控制元件的检测

1. 空调压力开关的检查

（1）起动发动机，接通 A/C 开关，压缩机应运转；拔下压力开关插头，如图 2-115 所示，压缩机停止工作（低压开关断开）。

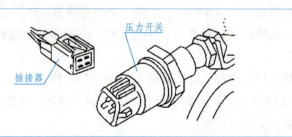

图 2-115　拔下压力开关插头

（2）如果接通 A/C 开关，压缩机不运转，则拔下开关的插头。

（3）将插头上的两个低压触点连接，如果连接触点后压缩机接通，且制冷良好，则进行下一步。

（4）用万用表检查两个低压触点是否导通，不导通说明低压开关有故障；若导通，应检查相关电路。

（5）在第（3）步检查中，如不制冷，应检查管路内的压力是否过低。若过低，说明制冷剂少或没有制冷剂。

2. 电磁离合器的检测

1）电磁离合器线圈电阻的检测

当电磁离合器不能吸合时，用外接电源直接驱动电磁离合器，或用万用表检查电磁离合器线圈电阻，以确定电磁离合器是否有故障。电阻检查方法如图 2-116 所示，标准电阻请参照相关维修手册。

图 2-116　电磁离合器线圈电阻的检测

2）电磁离合器转子与压盘间隙的检测

当电磁离合器打滑或干涉时，应检查转子与压盘之间的间隙，应该确保在离合器断电时无碰擦，通电时无打滑不能分离（离合器刚接合时除外）。测量离合器间隙应使用非磁性塞尺，如图 2-117 所示。

任务三　制冷系统的检修

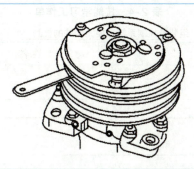

图 2-117　转子与压盘间隙的检查

3. 环境温度开关的检测

（1）当环境温度低于 1.67 ℃时，用万用表电阻挡检测。若阻值为∞，说明开关断开。

（2）将环境温度传感器从冰块中拿出，当环境温度高于 10 ℃时，万用表显示有阻值，说明开关已闭合。

（3）若开关动作规律不符合上述情况，说明传感器损坏。

4. 鼓风机的检测

可采取外接电源直接驱动鼓风机的方法检测，也可以用万用表检查鼓风机线圈电阻，并与标准值对照，检查方法如图 2-118 所示。

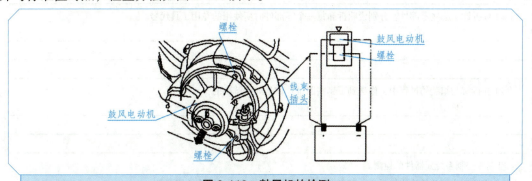

图 2-118　鼓风机的检测

5. 蒸发器温控开关的检查

将蒸发器温控开关的传感器放入水中（开关不要浸入水中），当水温增加到 2 ℃时，开关应导通；当水温降到 0 ℃时，开关应断开。具体方法可参照环境温度开关的检测。

四、技能考核

（1）教师为每组学生准备好汽车及其相关技术资料和必要的工具。

（2）小组学生在查阅技术资料的基础上完成汽车空调主要总成件的拆解与组装工作和空调控制系统主要元器件的检查工作，并完成表 2-4 所示的技能学习工作单。

（3）教师观察学生学习过程，最后审阅学生完成的工作单，给出评价。

表2-4　技能学习工作单

实训项目：　汽车空调装置的拆解、组装及控制系统主要元器件的检测　

班级学号		姓　名	

1.你所查阅的技术资料有：
_____
_____。

2.请描述观察的汽车相关信息：
（1）生产厂家：_____。
（2）汽车型号：_____。
（3）汽车的类型：_____。
（4）与空调系统相关的技术参数：_____。

3.空调压缩机的拆解与组装。
（1）你所拆解的压缩机品牌型号是_____。
（2）查阅相关技术资料，说明该型号压缩机的结构特点。
_____
_____
_____。

（3）为完成压缩机的拆解与组装，你应该准备哪些必要的工具和设备？_____
_____
_____。

（4）你拆卸了哪些零部件？分别说明拆卸每一个零部件时所使用的专用工具代号。
_____
_____
_____。

（5）在拆解与组装的过程中，你遇到了哪些困难？你是如何解决的？
_____
_____
_____。

4.空调压控制系统元器件的检测。
（1）空调压力开关的检查结果是：□正常　□不正常，你得出这一结论的依据是 _____
_____。

（2）电磁离合器的检查结果是：□正常　□不正常，你得出这一结论的依据是_____
_____。

（3）环境温度开关的检查结果是：□正常　□不正常，你得出这一结论的依据是_____
_____。

（4）鼓风机的检查结果是：□正常　□不正常，你得出这一结论的依据是_____
_____。

（5）蒸发器温控开关的检查结果是：□正常　□不正常，你得出这一结论的依据是_____
_____。

5.自我评价（个人技能掌握程度）：　□非常熟练　　□比较熟练　　□一般熟练　　□不熟练

教师评语：（包括工作单填写情况、查阅资料能力、观察的方法、小组协作情况等，并按等级制给出成绩）

实训记录成绩_____　　　　教师签字：_____　　　　_____年____月____日

任务四　制冷系统故障诊断

●【任务分析】

在汽车自动空调的使用过程中，经常会遇到空调系统不制冷、制冷量小等故障，导致汽车空调系统不能正常工作，失去空气调节和制冷的作用。因此，对汽车空调系统的故障诊断是汽车维修技师进行汽车空调系统维修的重点与难点。只有在充分了解所维修车型空调系统结构原理的基础上，通过对具体故障现象的科学分析，才能准确判定故障和解除故障。

本任务重点学习空调制冷系统的维护与故障诊断方法。

●【学习目标】

（1）能够正确描述电控自动空调系统的组成；
（2）能够正确描述电控自动空调系统的工作原理；
（3）能够正确描述电控自动空调系统主要部件的结构与原理；
（4）能够正确描述电控自动空调控制电路的类型及各类型电路原理；
（5）能够正确使用空调系统和进行常规检查；
（6）能够正确进行汽车空调系统的维护；
（7）能够正确进行汽车空调异味的清除；
（8）能够正确进行电控自动空调控制电路的检修；
（9）能够正确进行制冷系统工作压力的检测；
（10）能够正确进行汽车空调系统常见故障的诊断与排除；
（11）能够注意培养良好的安全、环保、卫生习惯与团队协作的职业素养；
（12）能够注重培养正确的价值观。

●【相关知识学习】

▶ 一、电控自动空调系统的组成

电控自动空调系统主要由通风、采暖、制冷、空气净化、操作和控制等部分组成，详细组成情况如图2-119所示，电控自动空调系统的零件位置如图2-120所示。其中制冷系统、

课题二 汽车空调制冷系统的维修

采暖系统和送风系统等与手动空调系统在结构上基本是相同的。电控自动空调系统是在手动空调系统的基础上,增加了控制系统,控制系统由传感器、空调ECU和执行元件等组成;而操作系统与送风系统是在手动空调系统的基础上增加了各种伺服电动机,并且操作系统有温度设定与选择开关。图2-121所示为LS400轿车电控自动空调系统的操作面板。常见的电控自动空调系统操作面板上的各键的功能见表2-5。

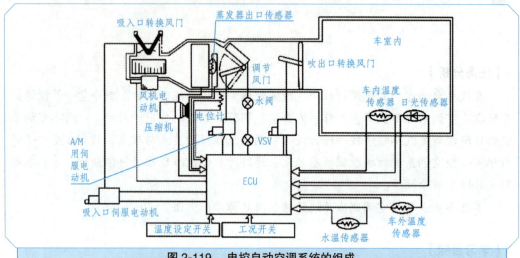

图 2-119 电控自动空调系统的组成

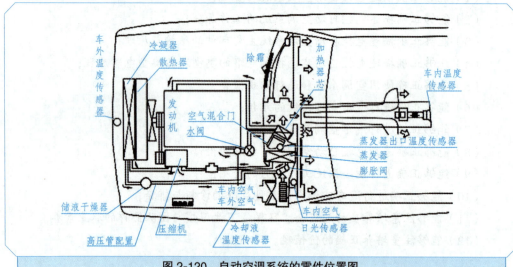

图 2-120 自动空调系统的零件位置图

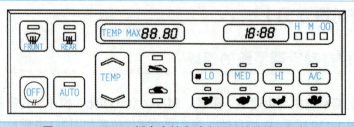

图 2-121 LS400轿车电控自动空调系统的操作面板

表 2-5　LS400 轿车电控自动空调系统的操作面板

键符	键名	功能
OFF	停止	关闭风机、压缩机及温度显示
AUTO	自动控制	将出风温度、风机转速、进风方式、送风方式和压缩机的控制设置成"自动模式"
TEMP	温度控制	每按一次，温度设定增加 0.5 ℃，最高达 32 ℃
		每按一次，温度设定降低 0.5 ℃，最低至 18 ℃
	进风方式控制	置于"车外新鲜空气导入"模式
		置于"车内空气循环"模式
	送风方式控制	置于"吹脸"模式
		置于"吹脸及脚"模式
		置于"吹脚"模式
		置于"吹脚及除霜"模式
		置于"除霜"模式
LO	风机转速控制	置于"低速"模式。若空调控制正常，则同时起动压缩机
MED		置于"中速"模式。若空调控制正常，则同时起动压缩机
HI		置于"高速"模式。若空调控制正常，则同时起动压缩机
A/C	空调工作指示	开启或关闭压缩机。若风机不转，则此键不起作用

二、电控自动空调系统的工作原理

电控自动空调系统主要包括温度控制、鼓风机转速控制、气流方式控制、进气模式控制、压缩机控制等项目。

1. 温度控制

温度控制的目的是使车内空气温度达到车内人员设定温度的要求，并保持稳定。如图 2-122 所示，电控自动空调系统的温度控制系统的基本组成包括车内温度传感器、车外温度传感器、日光传感器、蒸发器温度传感器、水温传感器、设定温度电阻器、自动空调控制 ECU 和空气混合伺服电动机等。

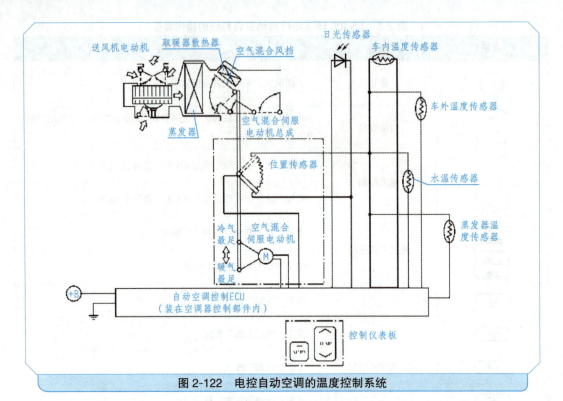

图 2-122 电控自动空调的温度控制系统

ECU 根据设定温度和车内温度传感器、车外温度传感器和日光传感器等信号，自动调节混合风挡的位置。一般来说，车内温度越高、车外温度越高、阳光越强，混合门就越接近"全冷"位置，ECU 根据车内温度和车外温度控制空气混合风挡的位置。

2. 鼓风机转速控制

鼓风机转速控制的目的是调节降温或升温速度，稳定车内温度。

鼓风机转速控制系统的控制电路如图 2-123 所示。

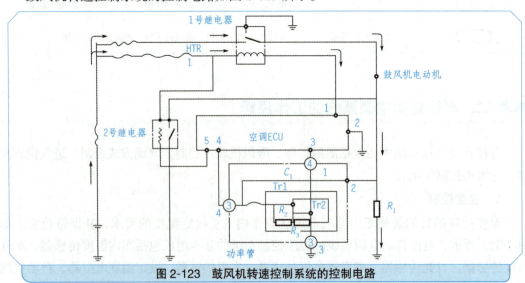

图 2-123 鼓风机转速控制系统的控制电路

1）自动控制

当按下 AUTO 键时，驾驶人用 TEMP 开关设定想要的温度。空调 ECU 根据输入信号（车内温度传感器、车外温度传感器和日光传感器）和温度设定，自动调整风机转速，若水温传感器检测到水温低于 40 ℃，空调 ECU 便使风机停止工作。

2）手动模式控制

（1）低速运转。当按下 LO（低速）键时，见电路图 2-123，空调 ECU 的端子 1 和 2 导通，1 号继电器吸合，电流流经电动机及电阻 R_1 后搭铁，风机电动机以低速旋转。

（2）中速运转。当按下 MED（中速）键时，空调 ECU 的端子 1 和 2 导通，1 号继电器吸合，同时空调 ECU 的端子 4 间歇性地向功率管端子 4（基极）输入控制电流，使 Tr_1 和 Tr_2 间歇性导通，这样，风机控制电流流经电动机后可以间歇性地经功率管端子 2 和端子 3 搭铁。由于风机电动机不再经过电阻 R_1 搭铁，风机转速将提高，其转速取决功率管的导通时间。

（3）高速运转。当按下 HI（高速）键时，空调 ECU 的端子 5 和 2 导通，2 号继电器吸合，风机控制电流经电动机和 2 号继电器触点后搭铁，电动机以高速旋转。

3. 气流方式控制

气流方式控制的目的是调节送风方向，提高舒适性。气流方式控制系统主要由传感器、ECU、气流方式控制伺服电动机和暖风装置控制面板等组成，其控制电路如图 2-124 所示。

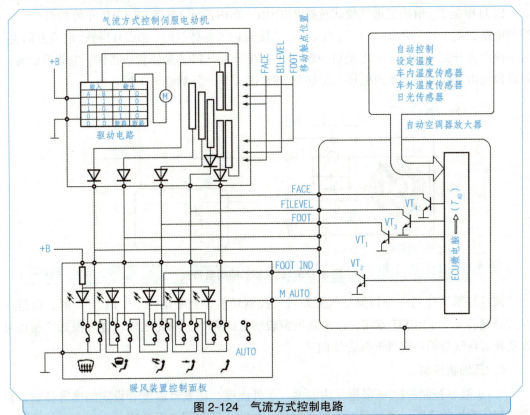

图 2-124　气流方式控制电路

当 T_{AO} 已从低变至高时，原来气流方式控制伺服电动机内的移动触点位于 FACE 位置。ECU 使 VT_1 导通，使驱动电路输入信号端 B 端通过 VT_1 搭铁为 0，A 端断路为 1。此时驱动电路输出端 D 端为 1，C 端为 0，电流由 D 端输出，C 端流回，电动机旋转，内部触点由 FACE 位移到 FOOT 位，电动机停转，出气方式由 FACE 方式转为 FOOT 方式。同时 ECU 使 VT_2 导通，使控制面板上的 FOOT 指示灯点亮。

当 T_{AO} 已从高变至中时，原来气流方式控制伺服电动机内的移动触点位于 FOOT 位置。ECU 使 VT_3 导通，使驱动电路输入信号端 A 端通过 VT_3 搭铁为 0，B 端断路为 1。此时驱动电路输出端 C 端为 1，D 端为 0，电流由 C 端输出，D 端流回，电动机旋转，内部触点由 FOOT 位移到 BILEVEL 位，电动机停转，出气方式由 FOOT 方式转为 BILEVEL 方式。同时 ECU 控制控制面板上的 BILEVEL 指示灯点亮。

当 T_{AO} 已从中变至低时，原来气流方式控制伺服电动机内的移动触点位于 BILEVEL 位置。ECU 接通 VT_4，使驱动电路输入信号端 A 端通过 VT_4 搭铁为 0，B 端断路为 1。此时驱动电路输出端 C 端为 1，D 端为 0，电流由 C 端输出，D 端流回，电动机旋转，内部触点由 BILEVEL 位移到 FACE 位，电动机停转，出气方式由 BILEVEL 方式转为 FACE 方式。同时 ECU 控制控制面板上的 FACE 指示灯点亮。

4. 进气模式控制

进气模式控制的目的是调节进入车内的新鲜空气量，使车内空气温度和质量达到最佳。

ECU 根据 T_{AO} 值确定进气模式选择 RECIRC（车内循环）或者 FRESH（车外新鲜空气），控制电路如图 2-125 所示。当 ECU 根据 T_{AO} 值接通 FRS 晶体管时，触点 B 搭铁，电流方向为：蓄电池点火开关→端子 1→电动机→触点 B→端子 3→FRS 晶体管→搭铁，电动机旋转，带动风门由 RECIRC（车内循环）位移至 FRESH（车外新鲜空气）位。

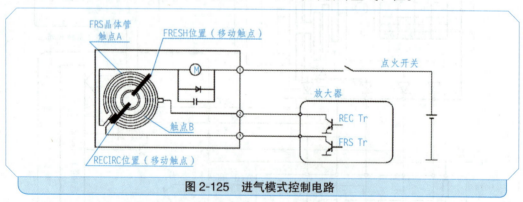

图 2-125 进气模式控制电路

该控制系统还有一种新鲜空气强制进气控制功能，当手动按下 DEF 开关时，将进气方式强制转变为 FRESH 方式，以清除风窗玻璃上的雾气。除此之外，进气模式控制还可改变新鲜空气与循环空气的混合比例。

5. 压缩机控制

（1）基本控制。ECU 根据车内温度、车外温度、蒸发器温度和设定温度等参数，自动控制压缩机的通断，调节蒸发器表面温度，并防止蒸发器表面结冰。

（2）低温保护。当车外环境温度低于某值（如3℃或8℃）时，压缩机停止工作，防止压缩机的损耗。

（3）高速控制。当发动机转速超过某转速时，压缩机停止工作，防止因压缩机转速过高而造成损坏。

（4）加速切断。当发动机处于急加速工况时，为了保证发动机足够的动力，压缩机暂时停止工作。

（5）高温控制。当发动机水温超过某值（如109℃）时，压缩机停止工作，防止发动机水温进一步上升。

（6）打滑保护。当压缩机卡死导致传送带打滑时，压缩机停止工作，防止传送带负荷过大而断裂，进而影响水泵、发电机等的工作。

（7）低速控制。当发动机转速低于某转速（如600 r/min）时，压缩机停止工作，防止发动机熄火。

（8）低压保护。当制冷系统压力低于某定值时，压缩机停止工作，防止压缩机在系统制冷剂不足条件下工作，造成压缩机损坏。

（9）高压保护。当系统压力超过某值时，压缩机停止工作，防止空调系统损坏。

（10）可变排量压缩机的控制。可变排量压缩机有全容量（100%）运转、半容量（50%）运转和压缩机停止三种工作模式。ECU根据空调系统冷气负荷的大小，控制压缩机的排量变化，以减少能量的浪费。可变排量压缩机的控制系统主要有两种类型：一种是根据冷却液温度进行控制，另一种是根据蒸发器表面温度进行控制。

根据冷却液温度进行控制的方法是：当发动机冷却液温度过高时，ECU根据冷却液温度传感器信号，ECU控制压缩机按半容量模式运转，防止发动机过热；反之，当发动机冷却液低于某一值时，ECU控制压缩机按全容量模式运转，满足制冷需要。

根据蒸发器表面温度进行控制的方法是：当蒸发器温度大于某一值（40℃）时，ECU控制压缩机按全容量模式运转，降低蒸发器温度；当蒸发器表面温度低于某一值（40℃）时，ECU控制压缩机按半容量模式运转，以降低能耗；当蒸发器温度低于3℃时，ECU控制压缩机停止运转，防止损坏压缩机。

三、电控自动空调系统主要部件的结构与原理

1. 电控自动空调常用传感器

1）车内温度传感器

车内温度传感器一般安装在仪表板下面，安装位置如图2-126所示。其作用是检测车内空气温度，ECU根据此信号控制出风口空气温度、鼓风机转速、气流方式、进气模式等。空调制冷时，车内温度越高，混合风挡越向"冷"的方向移动，出风口的温度就越低，鼓风机的转速就越

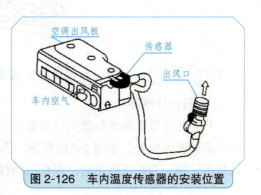

图2-126 车内温度传感器的安装位置

高，以快速降温；进气门处于内循环位置，以加快降温。

由于车内温度传感器的安装位置较封闭，为了准确及时地测量车内平均温度，必须采用强制通风装置将车内空气强制导向车内温度传感器。按强制导向气流方式不同，车内温度传感器可分为吸气器型车内温度传感器和电动机型车内温度传感器，两种传感器的结构如图2-127和图2-128所示。

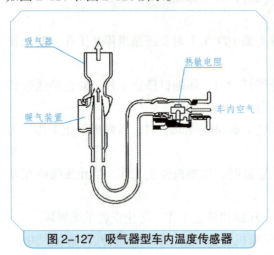

图2-127 吸气器型车内温度传感器

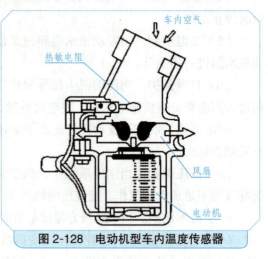

图2-128 电动机型车内温度传感器

2）车外温度传感器

车外温度传感器一般位于车的前部，安装位置如图2-129所示。其作用是检测车外环境温度，ECU根据此信号控制出风口空气温度、鼓风机转速、气流方式、进气模式等。空调制冷时，车外温度高，混合风挡就向"冷"的方向移动，出风口温度降低，鼓风机的转速就越高，以加快降温；进气门就处于内循环位置，加快降温。

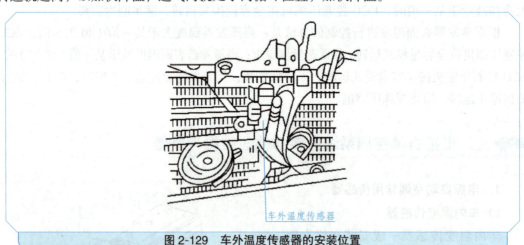

图2-129 车外温度传感器的安装位置

3）日光传感器

日光传感器安装在驾驶室仪表板上方容易接受阳光照射的位置处，通常安装在仪表板对应副驾驶席位置，如图2-130所示。其作用是检测阳光强弱，修正混合风挡的位置与鼓风机的转速。当阳光增强时，混合风挡移向"冷"侧，鼓风机转速提高；反之，当阳光减弱时，混合风挡移向"热"侧，鼓风机转速降低。

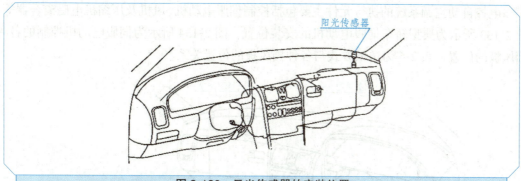

图 2-130　日光传感器的安装位置

4）蒸发器温度传感器

蒸发器温度传感器安装在蒸发器的表面。其作用一是检测蒸发器表面的温度，修正混合门位置，调节车内温度；二是控制压缩机，防止蒸发器表面结冰。有些车型有两个蒸发器温度传感器，一个用来修正混合风挡位置，另一个用来防止蒸发器表面结冰。

5）水温传感器

水温传感器直接安装在暖风水箱底部的水道上，其结构如图 2-131 所示，其作用是检测暖风装置加热芯的温度，修正混合风挡位置，控制压缩机和鼓风机。

6）空调压缩机转速传感器

空调压缩机转速传感器安装在压缩机壳体上。其作用是检测压缩机的转速送到空调电脑或空调控制器，再与发动机转速进行比较，判断压缩机传送带是否打滑或断裂。当压缩机传送带打滑或断裂时，空调 ECU 或空调控制器控制压缩机停转，防止损坏压缩机。

7）静电式制冷剂流量传感器

静电式制冷剂流量传感器安装在储液罐和膨胀阀之间，结构如图 2-132 所示。其作用是检测制冷剂流量，当制冷剂流量发生变化时，传感器以频率信号输入空调 ECU，空调 ECU 根据此信号判断制冷剂流量是否正常。当出现异常时，利用监控系统进行报警。

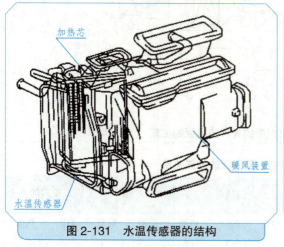

图 2-131　水温传感器的结构

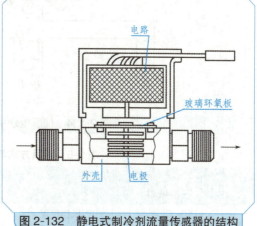

图 2-132　静电式制冷剂流量传感器的结构

2. 电控自动空调执行器

电控自动空调系统的执行元件主要包括控制伺服电动机、风机及压缩机电磁离合器等。图 2-133 所示为典型轿车伺服电动机的安装位置，图 2-134 所示为伺服电动机控制的各种挡风板的位置，表 2-6 为送风方式与各种挡风板的位置关系。

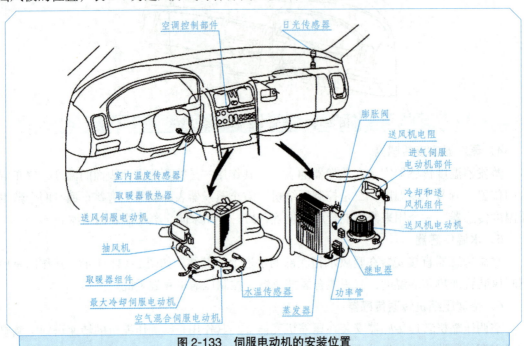

图 2-133　伺服电动机的安装位置

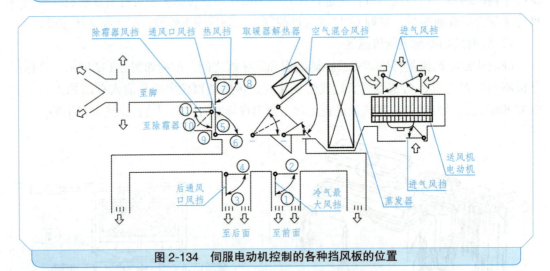

图 2-134　伺服电动机控制的各种挡风板的位置

表 2-6　送风方式与各种挡风板的位置关系

方式 通风口	方 式 风挡位置	通风口			热		除霜器	
		中央	侧面	后面	前面	后面	前面	侧面
脸	①③⑤⑦⑨	○	○	○				

任务四 制冷系统故障诊断

续表

通风口	方式	通风口			热		除霜器	
脸和脚	①②⑤⑧⑨	○	○	○	○	○		
脚	②④⑥⑧⑨	○			○	○	○	○
脚/除霜剂	②④⑥⑧⑩	○			○	○	○	○
除霜剂	②④⑥⑦⑪	○					○	○

1) 进风控制伺服电动机

进风控制伺服电动机控制进风方式，其结构如图2-135（a）所示。电动机的转子经连杆与进风挡风板相连，当驾驶人使用进风方式控制键选择"车外新鲜空气导入"或"车内空气循环"模式时，空调ECU即控制进风控制伺服电动机带动连杆顺时针或逆时针旋转，从而带动进风挡风板闭合或开启，达到改变进风方式的目的。该伺服电动机内装有一个电位计随电动机转子转动，并向空调ECU反馈电动机活动触点的位置情况。

进风控制伺服电动机与空调ECU的连接电路如图2-135（b）所示。当按下"车外新鲜空气导入"键时，电路为：空调ECU端子5→伺服电动机端子4→触点B→活动触点→触点A→电动机→伺服电动机端子5→空调ECU端子6→空调ECU端子9→搭铁。此时伺服电动机转动，带动活动触点、电位计触点及进风挡风板转动，新鲜空气通道开启。当活动触点与触点A脱开时，电动机停止转动，空调进气方式被设定在"车外新鲜空气导入"状态，车外空气被吸入车内。

当按下"车内空气循环"键时，电路为：空调ECU端子6→伺服电动机端子5→电动机→触点C→活动触点→触点B→伺服电动机端子4→空调ECU端子5→空调ECU端子9→搭铁。此时伺服电动机转动，带动活动触点、电位计触点及进风挡风板向反方向转动，关闭新鲜空气入口，同时打开车内空气循环通道，使车内空气循环流动。

当按下"自动控制"键时，空调ECU首先计算出所需要的出风温度，并根据计算结果自动改变进风控制伺服电动机的转动方向，从而实现进风方式的自动调节。

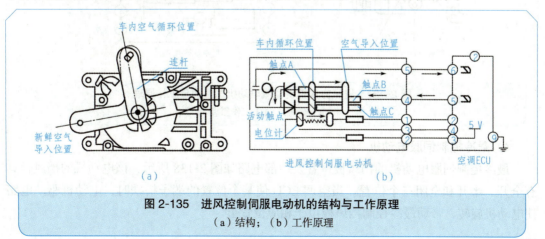

图2-135 进风控制伺服电动机的结构与工作原理
（a）结构；（b）工作原理

2）空气混合伺服电动机

空气混合伺服电动机连杆转动位置及电动机内部电路如图 2-136 所示，进行温度控制时，空调 ECU 首先根据驾驶人设置的温度及各传感器送入的信号，计算出所需要的出风温度并控制空气混合伺服电动机连杆顺时针或逆时针转动，改变空气混合挡风板的开启角度，从而改变冷暖空气混合比例，调节出风温度与计算值相符。电动机内电位计的作用是向空调 ECU 输送空气混合挡板的位置信号。

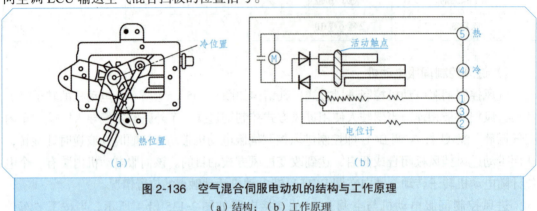

图 2-136 空气混合伺服电动机的结构与工作原理
（a）结构；（b）工作原理

3）送风方式控制伺服电动机

送风方式控制伺服电动机连杆转动位置及电动机内部电路如图 2-137 所示，当按下操作面板上的某个送风方式键时，空调 ECU 将电动机上的相应端子搭铁，由此电动机内的驱动电路将电动机连杆转动，使送风控制挡风板转到相应的位置上，打开某个通道。当按下"自动控制"键时，空调 ECU 根据计算结果，在与人脸、脚等几个位置自动改变送风方式。

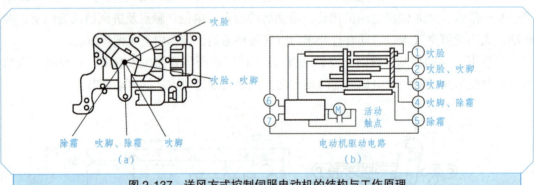

图 2-137 送风方式控制伺服电动机的结构与工作原理
（a）结构；（b）工作原理

4）最冷控制伺服电动机

最冷控制伺服电动机的挡风板位置及内部电路如图 2-138 所示，该电动机的挡风板具有全开、半开和全闭三个位置。当空调 ECU 使某个位置的端子搭铁时，电动机驱动电路使电动机旋转，带动最冷控制挡风板位于相应位置上。

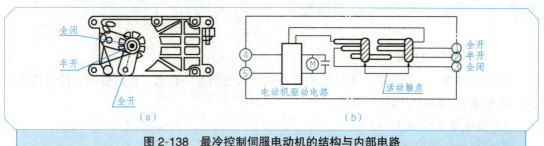

图 2-138 最冷控制伺服电动机的结构与内部电路
（a）结构；（b）工作原理

5）可变排量压缩机

可变排量压缩机是在压缩机移动活塞的旋转斜盘上增加了一个可变排量机构，空调 ECU 根据冷却液温度传感器信号确定是否给可变排量机构的电磁线圈通电，从而控制压缩机的排量。

3. 电控自动空调 ECU

空调 ECU 与操作面板成一体，它对各种传感器输入的信号和功能选择键输入的指令进行计算、分析比较后，发出指令，控制各个执行元件动作，使车内温度、空气流动状况等始终保持在驾驶人设定的水平上，极大地简化了操作，该系统主要用在高级轿车空调上。另外，空调 ECU 控制的汽车空调系统还具有以下功能。

（1）空调控制：包括温度自动控制、风量控制、运转方式给定的自动控制、换气量控制等，满足车内空调对舒适性的要求。

（2）节能控制：包括压缩机运转控制、换气量的最适量控制以及随温度变化的换气切换、自动转入经济运行、根据车内外温度自动切断压缩机电源等。

（3）故障、安全报警：包括制冷剂不足报警、制冷压力高或低报警、离合器打滑报警、各种控制器件的故障判断报警等。

（4）故障诊断存储：汽车空调系统发生故障，ECU 将故障部位以代码的形式存储起来，在需要修理时指示故障的部位。

（5）显示：包括显示给定的温度、控制温度、控制方式、运转方式的状态等。

四、电控自动空调控制电路

1. 控制电路的分类

电路控制系统比较复杂，不同类型的自动空调控制差别较大，但其控制电路可按照电路功能和输入/输出原则进行划分。

1）按电路功能划分

电控自动空调控制电路按电路功能划分如图 2-139 所示。

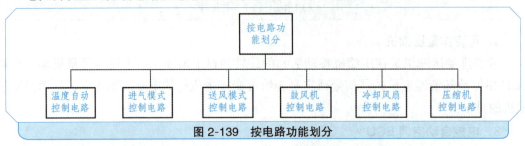

图 2-139　按电路功能划分

2）按输入/输出原则划分

电控自动空调控制电路按输入/输出原则划分如图 2-140 所示。

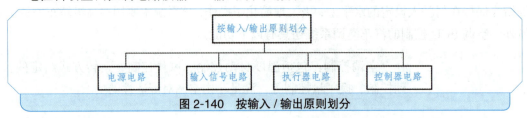

图 2-140　按输入/输出原则划分

2. 空调电路的组成

图 2-141 所示为典型轿车空调电路。该电路由电源电路、温度控制电路、鼓风机控制电路、冷凝器风扇电路、怠速控制电路和压力控制电路组成。

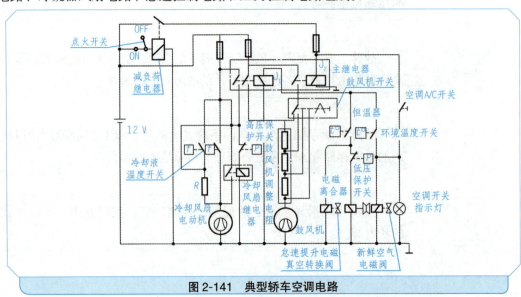

图 2-141　典型轿车空调电路

任务四　制冷系统故障诊断

其工作过程如下：

（1）　点火开关断开（置OFF）时，减负荷继电器的线圈电路切断，触点断开，空调系统不工作。

（2）　点火开关接通（置ON）时，减负荷继电器线圈电路接通，触点闭合，主继电器中的J_2线圈通电，接通鼓风机电路。此时，可由鼓风机开关进行调速，使鼓风机按要求的转速运转，进行强制通风、换气或送出暖风。

（3）　需要制冷系统工作时，接通空调A/C开关，便可接通下列电路。

①空调A/C开关指示灯亮，表示空调A/C开关已经接通。

②新鲜空气电磁阀电路接通，该阀动作接通新鲜空气控制电磁阀的真空通路，而使鼓风机强制通过蒸发器总成的空气通道进风，否则将无法获得冷气。

③电源经环境温度开关、恒温器、低压保护开关对电磁离合器线圈供电，同时对怠速提升电磁真空转换阀供电。另一路对主继电器中的J_1线圈供电，使两对触点同时闭合，其中一对触点接通冷凝器冷却风扇继电器线圈电路，另一对触点接通鼓风机电路。

低压保护开关串联在恒温器和电磁离合器之间。当制冷系统缺少制冷剂，制冷系统压力过低后，开关断开，压缩机停止工作。

高压保护开关串联在冷却风扇继电器和主继电器J_1的一对触点之间。当制冷系统高压值超过规定值时，高压保护开关触点闭合，将电阻R短路，使风扇电动机高速运转，以增强冷凝器的冷却能力。同时，冷却风扇电动机还直接受发动机冷却液温度开关的控制。当不开空调A/C开关时，若发动机冷却液温度低于85 ℃，风扇电动机不转动；若高于95 ℃，风扇电动机低速转动；若冷却液温度达到105 ℃，风扇电动机将高速转动。

主继电器中的J_1触点在空调A/C开关接通时，即可闭合，使鼓风机低速运转，以防止蒸发器表面温度过低而结冰。

④点火开关置于起动位置（ST）时，减负荷继电器线圈电路切断，触点断开，空调系统中断工作，以保证发动机起动时，蓄电池维持足够的电能。

【技能学习与考核】

一、空调系统的使用和检查

1. 使用注意事项

正确使用空调对其性能及寿命、发动机的工作稳定及功耗、乘员的舒适性都有很大影响。

（1）为保证取暖和通风正常工作，风窗玻璃前的进风口应避免被障碍物遮盖。

（2）空调制冷的设计使用温度应在环境温度 5 ℃以上，故使用时的环境温度应高于 5 ℃。

在使用前应检查系统中制冷剂的量是否合适，是否存在泄漏部位，冷凝器冷却风扇能否正常工作，如发现问题，要在修复后方可使用。

（3）使用空调，必须保持系统的清洁，特别是需经常清除冷凝器和蒸发器散热片中的灰尘，以保持良好的热交换效果。

（4）当车辆在太阳下停放时间过长，车厢内温度很高时，应首先打开车门、车窗，开启空调驱散热气，然后关闭门、窗，以提高空调制冷效果。

（5）空调系统应在发动机冷却水温度正常时使用，如发动机因大负荷工作引起水温过高，需暂停使用空调，直至水温正常再重新开启。

（6）应避免在停车时，或在怠速、高温下长时间使用空调，以免因系统温度和压力过高而损坏。

（7）制冷系统使用的 R134a 制冷剂，不允许与 R12（氟利昂）混用，否则会引起制冷性能下降和系统损坏。

（8）在不使用空调的季节，每周也需使空调工作 5～10 min，以便润滑空调系统，防止压缩机等部件内部生锈，保持良好的技术状态。

2. 常规检查及基本注意事项

由于不同的制冷剂的特性不同，要求系统配制不同的冷冻油、干燥剂、橡胶密封材料、连接软管以及不同的压缩机、膨胀阀、恒温控制器、压力开关等部件，因此，对空调系统进行维护时，首先要确认该系统采用了何种制冷剂，以便采取相适应的措施和材料，这一点非常重要。

1）空调系统常规检查（指不拆解制冷系统）

（1）检查制冷剂是否有泄漏。

（2）检查制冷量是否正常。

（3）检查电路是否接通，各控制元件是否正常工作。

（4）检查冷凝器是否有明显污垢、杂物，是否通畅。

（5）检查压缩机传动带张力是否正常。

（6）检查软管及连接处是否牢固。

（7）检查系统运行时是否有异响和气味。

2）检查方法

检查方法主要有：用手感觉各部分温度是否正常，用肉眼检查表面情况及泄漏部位，用耳听和鼻嗅检查是否有异常响声和气味，通过储液干燥器上的窥视玻璃来判断系统工作状况。

（1）用手检查温度。在正常情况下，低压管路呈低温状态，高压管路呈高温状态。从压缩机出口→冷凝器→储液干燥器→膨胀阀进口处是制冷系统的高压区，这些部件应该先暖后烫（注意手摸时要小心被烫伤），如有特别热的部位（如冷凝器表面），则说明此部位有问题——散热不好。如有特别凉的部位（如膨胀阀入口处），也说明此部位有问题——可能有堵塞。储液干燥器进出口之间若有明显温差，则说明此处有堵塞或者制冷剂量不正常。从膨胀阀出口→蒸发器→压缩机进口处是低压区，这些部位表面应该由凉到冷，但膨胀阀处不能发生霜冻现象。

（2）用肉眼检查泄漏情况。制冷剂的泄漏有可能出现在所有连接部位、冷凝器表面及蒸发器表面被损坏处、膨胀阀进出口连接处、压缩机轴封、前后盖密封垫等处。上述部位一旦出现油渍，一般说明此处有制冷剂泄漏（但压缩机前轴封处漏油可能是轴承漏油），应尽快采取措施修理。

（3）从干燥器窥视玻璃判断工况。从窥视玻璃判断工况要在发动机运转、空调工作时进行。若从窥视玻璃中看到的工质情况是：

①清晰、无气泡，但出风口是冷的，说明制冷量适当，制冷系统正常；出风口不冷，说明制冷剂漏光了；出风口不够冷，而且关掉压缩机1min后仍有气泡慢慢流动，或在关压缩机的一瞬间就清晰、无气泡、无流动，说明制冷剂太多。

②偶尔出现气泡，若有膨胀阀结霜现象，说明系统中有水分；若无膨胀阀结霜现象，可能是制冷剂缺少，或有空气。

③有气泡、泡沫不断流过，说明制冷剂不足。如果气泡很多，可能有空气。

④有长串油纹，偶尔带有成块机油条纹，出风口不冷，说明几乎没有制冷剂。有泡沫、较混浊，说明冷冻油太多，或干燥剂散了。

二、汽车空调系统的维护

1. 维修操作注意事项

（1）作业环境。检修空调时应注意清洁和防潮，一定要防止污物、灰尘和水分进入制冷系统，要把机件周围和接头附近清洁干净，避免雨天进行维修作业。

（2）制冷剂的使用。保存和搬运制冷剂时，应按其要求存放，不要用火烤钢瓶，也不能把它放置在太阳能直接照射到的地方。制冷剂应存放在40℃以下的阴凉地方。制冷剂不能接触人体，否则会引起冻伤。操作时不可靠近面部，而且必须戴上护目镜和手套。若不慎将制冷剂溅到眼睛或皮肤上，应立即用大量的冷水冲洗，然后用一块无菌布盖在受伤部位上，去医院进行专业治疗。

（3）制冷系统管路操作。拆卸制冷系统管路时，应立即将系统管口或接头封住，以免潮气或灰尘进入。清洁管路时应用高压氮气冲洗。管接头的密封圈是一次性的，每次检修后应该更换。拧紧或松开管接头时，应使用两个扳手。

汽车空调制冷管路的连接一定要牢固可靠，应具有良好的密封性能，但又不能拧得过紧而损伤螺纹，因此要根据不同的材质、不同的管径按照拧紧力矩的要求操作。

2. 系统维护

1）日常维护

日常维护主要通过看、听、摸、测等方法进行检查。

（1）检查和清洗汽车空调的冷凝器，要求散热片内清洁、片间无堵塞物。

> **寄语**
>
> 　　人也需要日常维护。若不注意日常行为的检查，则容易犯大错。

（2）检查制冷剂量。当空调系统工作时，从视液镜中观察到流动的制冷剂几乎透明、无气泡，但提高或降低发动机转速时可能出现气泡。关闭压缩机后立刻有气泡，然后渐渐消失，这就说明制冷系统工作正常。如果压缩机工作时有大量的气泡，说明制冷系统不正常。

（3）检查传动带，压缩机与发动机之间的传动带应张紧。

（4）用耳听和鼻闻检查汽车空调有无异常响声和异常气味。

（5）用手摸压缩机附近高、低压管有无温差，正常情况下低压管路呈低温状态，高压管路呈高温状态。

（6）用手摸冷凝器进口和出口处，正常情况下是前者比后者热。

（7）用手摸膨胀阀前后应有明显温差，正常情况是前热后凉。

（8）检查制冷系统软管外观是否正常，各接头处连接是否牢靠，接头处有无油污。有油污表明有微漏，应进行紧固。

（9）检查制冷系统电路连接是否牢靠，有无断路或脱接现象。

2）定期维护

为保证汽车空调无故障运行，需要定期对系统各主要零部件进行维护，如压缩机、冷凝器、散热器、蒸发器、电气部件等。

（1）压缩机。在压缩机运转情况下，检查其是否有异常响声，如有，说明压缩机的轴承、阀片、活塞环或其他部件有可能损伤或冷冻润滑油过少；检查压缩机的高低压端有无温差；运转中如压缩机有振动，应检查传动带的松紧度，同时还要检查润滑油液面的高度。

（2）冷凝器、蒸发器。检查两者的清洁状况，通道是否畅通，以保证其能通过最大的通气量。

（3）膨胀阀。检查其有无堵塞，感温包与蒸发器出口管路是否贴紧；膨胀阀能否根据温度的变化自动调节制冷剂的供给量。

（4）高、低压管。检查软管有无裂纹、鼓包、老化或破损现象，硬管是否有裂纹或渗漏现象，是否会碰到硬物或运动件，管道螺栓是否紧固。

（5）储液干燥器。检查易熔塞是否熔化，各接头处是否有油迹；正常工作时其表面应无露珠或挂霜现象；每年四、五月维护期中视需要更换干燥剂或干燥滤清器总成。

（6）电气系统。检查电磁离合器有无打滑现象，低温保护开关在规定的气温下如能正常起动压缩机，则说明其有故障；检查电线连接是否可靠。

（7）高、低压开关。检查高、低压开关，高压开关在压力 2.2 MPa 时应能自动接通声光报警电路并使电磁离合器断电，在压力小于 2 MPa 时应能自动复位；低压开关在压力小于 0.2 MPa 时应能自动接通声光报警电路并使电磁离合器断电，在压力大于 0.2 MPa 时应能自动复位。

（8）冷凝器和蒸发器风机。检查冷凝器和蒸发器风机工作时有无异常响声，叶片有无破损，螺栓连接是否牢固，电动机轴承有无缺油现象。

三、汽车空调除异味的方法

（1）清洁强制通风系统中的所有碎片，从外部排净空气。

（2）脱开离合器线圈。这将解除 A/C 压缩机离合器工作。

（3）利用运转发动机的方法，吹干蒸发器芯。另外，还要让鼓风机电动机在 HIGH 和 RECIRC 模式、温度控制在最大加热位置下运转 10 min。

（4）找到鼓风机电动机和蒸发器芯之间、鼓风机电动机风扇下游的空调通路。

（5）在与鼓风机电动机、蒸发器或系统中任何运动件不干涉的地方钻一个 φ3.17 mm 的孔，如图 2-142 所示。

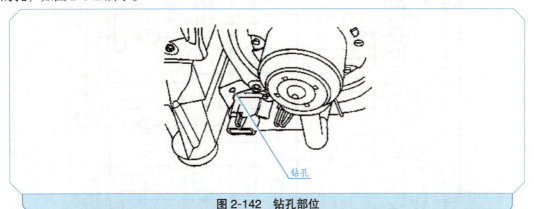

图 2-142　钻孔部位

（6）保持鼓风机在 HIGH 模式，并将除臭器（GM，P/N12370470）的外伸管插入孔中，通过管上的标记。

（7）用短促的冲击方式进行喷雾，在 2～3 min 时间内喷完，且不断地改变喷入管路的喷雾方向。

（8）关闭发动机。

（9）让发动机放置 3～5 min。

（10）用车身密封胶剂或 RTV 衬垫绝缘膏，密封住 φ3.17 mm 孔。

（11）起动发动机并使风扇以 HIGH 模式（高速）运转 15～20 min，以吹干。

（12）重新连上空调压缩机离合器线圈并核实其运转正常。

四、电控自动空调控制电路检修

1. 电源电路检测

典型轿车自动空调系统控制电路如图 2-143 所示。

（1）拆下空调 ECU，保持插接器处于连接状态。

（2）测量端子 +B、IG、ACC 与 GND 间的电压，均应为 12V。若无 12V 电压，应检查相应熔丝及供电电路。

若端子 +B 无电压，空调 ECU 便不能储存故障码和设定工作状态。点火开关在 ACC 挡时，若空调显示器无显示，即为 ACC 电源故障。

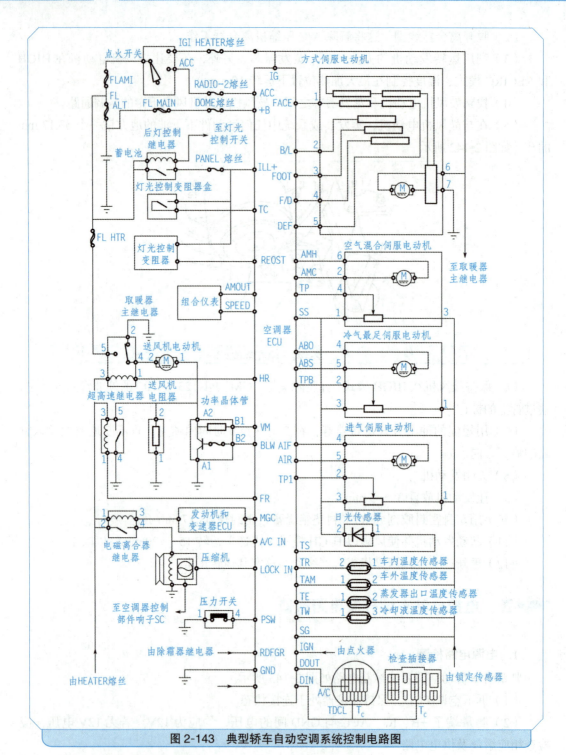

图 2-143 典型轿车自动空调系统控制电路图

2. 输入信号电路检修

1）车内温度传感器

车内温度传感器用于检测车内的温度，发送适当的信号给空调 ECU。拆下仪表板 1 号下罩，脱开车内温度传感器插接器，检查车内温度传感器插接器两端子间的电阻。在

25 ℃时，其阻值为 1.6～1.8 kΩ；在 50 ℃时其阻值为 0.5～0.7 kΩ，且当温度升高时，其阻值逐渐降低。

2）车外温度传感器

车外温度传感器用于检测环境温度，发送适当的信号给空调 ECU。

拆下前散热护栅，脱开车外温度传感器插接器，检查车外温度传感器插接器两端子间的电阻。在 25 ℃时，其阻值为 1.6～1.8 kΩ；在 50 ℃时，其阻值为 0.5～0.7 kΩ，并且当温度升高时，其阻值逐渐降低。

3）蒸发器温度传感器

蒸发器温度传感器用于检测冷却组件内的温度，发送适当的信号给空调 ECU。拆下蒸发器出口温度传感器，检查蒸发器温度传感器插接器两端子间的电阻。在 25 ℃时，其阻值为 4.5～5.2 kΩ；在 50 ℃时，其阻值为 2.0～2.7 kΩ，并且当温度升高时，电阻逐渐降低。

4）水温传感器

水温传感器用于检测冷却液温度，发送适当的信号给空调 ECU。当发动机温度较低时，这些信号用于预热控制。

拆下加热器组件和水温传感器，检查水温传感器插接器的端子 1 与 3 之间的电阻。在 0 ℃时，其阻值为 1.56～17.5 kΩ；在 40 ℃时，其阻值为 2.4～2.8 kΩ；在 70 ℃时，其阻值为 0.7～1.0 kΩ，并且当温度升高时，电阻逐渐降低。

5）日光传感器

日光传感器内光控二极管检测太阳能辐射，并将信号传给空调 ECU。太阳能辐射强度越强，光控二极管的电阻越小，当传感器没有接收到太阳能辐射时，即使系统正常，也会显示诊断代码 21。

拆下杂物箱，脱开日光传感器插接器，测量其反向电阻。当传感器用布蒙住时，其阻值为无穷大；掀开遮传感器的布并用灯光照射时，其阻值约为 4 kΩ；当灯光逐渐移开时，其阻值逐渐增大。

6）压缩机锁止传感器

发动机每转一圈，压缩机锁止传感器便向空调 ECU 发送四个脉冲。若压缩机传送带或电磁离合器打滑，空调 ECU 将使压缩机停止工作，且指示器以 1 s 间隔闪烁。

用千斤顶顶起汽车，脱开压缩机锁止传感器插接器，测量压缩机锁止传感器插接器端子之间的电阻。在 25 ℃时，其阻值应为 530～650 Ω；在 100 ℃时，其阻值应为 670～890 Ω。

7）压力开关

当制冷剂压力降得太低（系统压力低于 0.22 MPa）或升得太高（系统压力高于 2.7 MPa）时，压力开关将信号发送给空调 ECU。当空调 ECU 收到这些信号时，输出信号给发动机和自动变速器 ECU，通过"发动机和自动变速器 ECU"断开压缩机继电器，并使电磁离合器断开。

拆下右侧前照灯，脱开压力开关插接器；接通点火开关，将压力表连接到制冷系统，当制冷剂气体压力改变时，检查压力开关端子 1 与 4 之间的导通情况。若压力在正常范围

课题二 汽车空调制冷系统的维修

内时,压力开关不通,则压力开关损坏。

8)点火器电路

空调 ECU 通过接收点火器送来的信号监测发动机转速。空调 ECU 利用发动机转速信号和压缩机转速信号,检测压缩机同步情况。

3. 空调执行器电路检修

1)鼓风机电路

打开风扇和空调,若风机不转,应检查加热器继电器。取下继电器并连接继电器端子4、5,风机应转动。否则,如测量继电器端子 1 与 3 间有电压,则为继电器损坏;连接继电器端子 4 与 5,若风机不转,则为风机电阻或电源故障;若风机不能调速,多为功率管(蒸发器组件内)损坏;若无高速,为极高速继电器损坏。

2)空气混合伺服电动机及传感器电路

空气混合风挡位置传感器安装在空气混合伺服电动机内,用于检测空气混合风挡的位置,并将信号送入空调 ECU。空气混合伺服电动机及传感器电路不正常会引起无冷气、冷气不足等故障。

拆下空调 ECU,保持插接器处于连接状态。接通点火开关,改变设定温度,使空气混合风挡起作用,并在每次改变设定温度时测量空调 ECU 插接器端子 TP 与 SG 间的电压,最冷控制时为 4 V,当设定温度升高时,电压值应按直线规律逐渐降低,暖气最足时为 1 V。若不正常,可取下加热器组件,脱开空气混合伺服电动机插接器,测量空气混合伺服电动机插接器端子 1 与 3 间的电阻,其正常值为 4.7~7.2 kΩ。当空气混合伺服电动机以正确顺序运转时,测量空气混合伺服电动机插接器端子 4 与 3 间的电阻,最冷控制时为 3.76~5.76 kΩ。当设定温度升高时,电阻值应按直线规律逐渐降低,暖气最足时为 0.94~1.44 kΩ。

3)进风控制伺服电动机及传感器电路

进风控制传感器安装在进气伺服电动机组件内,用于检测进风风挡的位置,并将测得信号送入空调 ECU。

接通点火开关,按下 REC/FRS 开关,改变在新鲜空气和再循环之间的进气,测量进气伺服电动机运转时传感器端子 TPI 与 SG 间的电压,在 REC 侧时约为 4 V。当进气伺服电动机从 REC 侧移到 FRS 侧时,电压值应按直线规律逐渐降低,FRS 侧时应为 1 V。若不正常,拆下加热器组件,脱开进气伺服电动机组件插接器,测量进气伺服电动机插接器端子 S5 与 SG(6 针插接器中端子 3 与 1)间的电阻,其正常值为 4.7~7.2 kΩ。当进气伺服电动机以正确顺序运转时,测量进气伺服电动机连接器端子 TPI 与 SG(6 针插接器中端子 2 与 1)之间的电阻,在 REC 侧时为 3.76~5.76 kΩ,当进气伺服电动机从 REC 侧移到 FRS 侧时,电阻值应按直线规律逐渐降低,FRS 侧时应为 0.94~1.44 kΩ。端子 4 与 5 之间应导通。

4)送风伺服电动机电路

送风伺服电动机电路根据从 ECU 来的信号使伺服电动机运转,改变每个送风风门的位置。当 AUTO 开关接通时,ECU 按照设定温度自动在吹脸、脸与脚之间和脚三种高度之间改变送风。当 AUTO 开关断开时，由手动开关选定某一位置。检修时先设定到执行器检查状态，按下 TEMP 开关，使其进入步进送风，再依次按该开关，检查气流送风变化情况，气流变化送风应按"脸最冷→脸→脸和脚→脚→脚和除霜器→除霜器"送风次序依次变化。否则可取下加热器组件，脱开伺服电动机插接器，将电源正极连接到端子 6，将电源负极连接到端子 7，然后再将电源负极依次接端子 1、2、3、4、5，则工作方式也应按上述顺序变化，否则即为送风伺服电动机损坏。

5）最冷控制伺服电动机电路

最冷控制伺服电动机按从 ECU 来的信号控制最冷控制风挡在开、半开、关三个送风状态之间转换。当 AUTO 开关接通时，通风口处在吹脸位置，空调 ECU 控制该风挡在开、半开和关位置。当在吹脚或脸和脚位置时，该风挡一直关闭着。检修时可设定到执行器检查状态，按下 TEMP 开关，使其进入步进送风，再按 TEMP 开关，根据风量和风挡运转噪声检查风挡能否转换。否则可拆下加热器组件，脱开最冷控制伺服电动机连接器，将电源正极连接到端子 4，将电源负极连接到端子 5，然后再将电源负极依次接端子 1、2、3，若风挡位置不能转换，则为电动机组件损坏；若正常，则为配线或 ECU 损坏。

6）压缩机电路

空调 ECU 从端子 MGC 输出电磁离合器 ON 信号到发动机和变速器 ECU。当发动机和变速器 ECU 接到此信号时，它从端子 MGC 传送一个信号，接通压缩机电磁离合器继电器，于是压缩机电磁离合器接通。空调 ECU 也通过端子 A/C IN 监视电源电压是否供应到电磁离合器上。

拆下空调 ECU，保持插接器处于连接状态，接通点火开关，按下一个风扇转速控制开关，检查在空调开关接通或断开时，空调 ECU 插接器的端子 A/C IN 与车身搭铁之间的电压，其正常值为：空调开关接通时，电压为蓄电池电压；空调开关断开时，电压为 0 V。再检查压缩机电磁离合器，脱开电磁离合器插接器，将电源正极导线连接到电磁离合器插接器端子上，电磁离合器应吸合，否则要修理或更换电磁离合器。

五、制冷系统工作压力检测

要了解汽车空调制冷系统工作循环进行的情况，必须测量制冷系统工作时高压侧和低压侧的压力。制冷系统工作压力的具体检测操作过程如下：

（1）将歧管压力计正确连接到制冷系统相应的检修阀上，如果是手动检修阀，应使阀处于中位。

（2）关闭歧管压力计上的两个手动截止阀。

（3）用手拧松歧管压力计上高低压注入软管的连接螺母，让系统内的制冷剂将软管内的空气排出，然后再将连接螺母拧紧。

课题二 汽车空调制冷系统的维修

（4）起动发动机并使发动机转速保持在 1 000～1 500 r/min，然后打开空调 A/C 开关和鼓风机开关，设置到空调最大制冷状态，鼓风机高速运转，温度调节到最冷。

（5）关闭车门、车窗和舱盖，发动机预热。

（6）将一根玻璃温度计放进中风门空调出风口（检测空调冷风温度），而将干湿温度计放在车内空气循环进气口处（检测室内环境温度），湿温度计的球部要覆盖蘸饱水的棉花。

（7）空调系统至少要正常工作 15 min 后，才能进行检测工作，记录数据。空调的正常值要达到一定的标准要求。当环境温度在 21～32 ℃时，空调冷风温度在 1～10 ℃。R134a 空调系统低压侧的压力应为 0.15～0.25 MPa，高压侧的压力应为 1.37～1.57 MPa。

注意：

车型不同，测试工况（发动机转速、蒸发器入口温度）不同，压力范围略有差异。

制冷系统技术状况的好坏以及各设备总成技术状况的好坏都可以利用歧管压力表检测制冷系统压力进行初步判断。当压缩机正常工作时，制冷系统低压侧的压力应为 147～192 kPa，高压侧的压力应为 1 373～1 668 kPa。当制冷系统制冷效果不好时，测试结果与正常压力一定不符，具体分析参见表 2-7。

表 2-7 用歧管压力表检测系统压力测试结果分析

量具指示	故障现象	可能原因	故障排除
高压侧与低压侧压力均过高	发动机趋于过热	发动机冷却系统故障	检查并修理各发动机冷却系统
	（1）低压管接头附近区域的温度明显低于蒸发器出口附近区域的温度。（2）板上有时结霜	（1）过多的液体制冷剂在低压侧。（2）制冷剂流量排出过多。（3）膨胀阀比规定量开的多了一点：①温度阀不正确；②膨胀阀调整不正确	更换膨胀阀

续表

量具指示	故障现象	可能原因	故障排除
高压侧压力过高而低压侧压力过低	冷凝器上部和高压侧偏热，而储液罐并不热	压缩机和冷凝器间的高压管或高压元件被阻塞或被压扁	（1）检查、修理或更换失效件。 （2）检查压缩机润滑油有无杂质
高压侧压力过低而低压侧压力过高	压缩机停止工作后，高、低压侧的压力很快相等	（1）压缩机压缩功能不正常。 （2）压缩机内部密封装置损坏	更换压缩机
	高、低压侧的温度无差异	压缩机排量不能变化（压缩机行程处于最大行程）	更换压缩机
高、低压测压力均过低	（1）储液罐进出口间的温度差很大，出口温度极低。 （2）储液罐进口和膨胀阀上结霜	储液罐内部有少量阻塞	（1）更换储液罐。 （2）检查压缩机润滑油有无杂质
	（1）与储液罐附近温度相比，膨胀阀的进口温度极低。 （2）膨胀阀的进口可能结霜。 （3）高压侧某处出现温度差异	储液罐和膨胀阀间的高压管路被阻塞	（1）检查并修理失效件。 （2）检查压缩机润滑油有无杂质
高、低压侧的压力均过低	膨胀阀的进出口间有巨大温度差异，而阀本身结霜	（1）膨胀阀调整不正确。 （2）温度阀故障。 （3）出口和进口可能被阻塞	（1）用压缩空气吹除异物。 （2）检查压缩机润滑油有无杂质
	低压管接头附近区域的温度明显低于蒸发器出口附近区域的温度	低压管被阻塞或压扁	（1）检查并修理失效零件。 （2）检查压缩机润滑油有无杂质
	气流量不足或过低	（1）蒸发器结冰。 （2）压缩机排出量不能变化（压缩机行程处于最大行程）	更换压缩机

续表

量具指示	故障现象	可能原因	故障排除
低压侧压力有时呈负值	（1）空调系统不起作用，也不能循环地冷却车厢空气。 （2）关闭压缩机并重新开启后，系统只能固定地工作一段时间	（1）制冷剂不能循环排出。 （2）潮气在膨胀阀进出口处冻结。 （3）制冷剂中混有水分	（1）从制冷剂中除去水分或更换制冷剂。 （2）更换储液罐
低压侧压力呈负值	储液罐或膨胀阀管的前、后侧结霜或结露水	（1）高压侧被关死，制冷剂不流动。 （2）膨胀阀或储液罐结霜	系统停歇后重新开启，以核实问题是否由水或异物造成。 （1）若问题是由水造成的，则从制冷剂中除去水分或更换制冷剂。 （2）若问题是由异物造成的，则拆下膨胀阀并用干压缩空气将这些异物吹掉。 （3）若上述措施均不奏效，则更换膨胀阀。 （4）更换储液罐。 （5）检查压缩机润滑油有无杂质

六、汽车空调系统故障诊断

1. 故障自诊断

电控自动空调通常具有故障自诊断功能。不同的汽车电控自动空调系统，其故障自诊断的操作方法不同，如丰田凌志 LS400 轿车的自动空调系统，故障后诊断可直接在空调器控制按钮上进行。其故障码在温度显示屏处输出。如果在空调器运转中，出现压缩机同步传感器电路开路或制冷剂不足，空调器控制总成上的 A/C 开关指示器灯便开始闪烁。当这种情况发生时，将显示压缩机同步传感器电路故障的故障码 22 和空调器制冷剂不足的故障码 Normal，表明空调器有故障。

LS400 轿车自动空调系统诊断检查状态的操作方法如图 2-144 所示。

任务四　制冷系统故障诊断

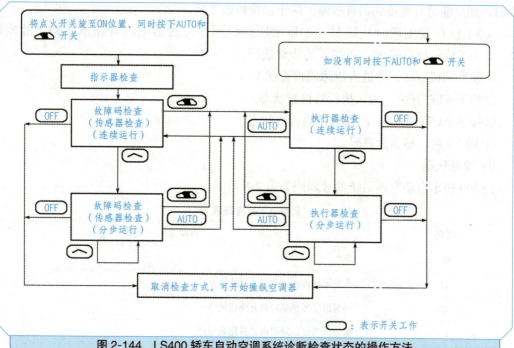

图 2-144　LS400 轿车自动空调系统诊断检查状态的操作方法

1) 指示器检查

（1）将点火开关置于 ON 位置，并同时按下空调器控制 AUTO 开关和 REC 开关。

（2）查看所有指示器灯在 2 s 间隔内，应连续闪亮 4 次。

（3）在第二步指示器灯亮时，听察蜂鸣器声音。

说明：

① 指示器检查结束后，故障码检查便自动开始。

② 如要取消检查状态，按下 OFF 开关。

2) 故障码检查

（1）进行指示器检查。指示器检查完毕后，该系统即自动进入故障码检查状态。

（2）读出仪表板温度显示屏上显示的代码，并根据故障码表所提示的故障部位进行检查排除。如要慢慢显示，可按 UPA 开关，将其改成步进运转。每按动一次 UPA 开关，改变一次显示。

说明：

① 如果读出一个代码，蜂鸣器就响了，表明该代码所指示的故障继续发生。

② 如果读出一个代码，蜂鸣器未响，表明该代码所指示的故障早已发生（如插接器接触不良）。

③ 如果环境温度为 -30 ℃ 或更低，即使该系统工作正常，仍然可能输出故障码。

④ 故障码由最小到最大，依次显示。

⑤ 如果在光线暗的地方进行检查，可能显示故障码 21（日光传感器不正常）。此时，应用灯光（如检查灯）照射日光传感器进行检查。如用灯光照射进行检查，仍然显示故障

123

码 21，则可能是日光传感器有故障，应予以检修或更换。

（3）仅在发生现时故障时，才显示压缩机同步传感器电路开路或短路（故障码 22）。为了验证故障码 22，可按下述步骤进行。

①使发动机运转，并进入故障码检查状态。

②按下 REC 开关，进入执行器检查状态。

③按下 AUTO 开关，回到故障码检查状态。

④约 3 s 后，显示故障码。

3）诊断代码

LS400 轿车自动空调系统的故障码如表 2-8 所示。

表 2-8 故障码表

代码	故障部位
00	正常
11	车室温度传感器电路开路或短路
12	环境温度传感器电路开路或短路
13	蒸发器温度传感器电路开路或短路
14	水温传感器电路开路或短路
21*	日光传感器电路开路或短路
22*	压缩机同步传感器电路开路或短路
31	空气混合风挡位置传感器电路开路或短路
32	进气风挡位置传感器电路开路或短路
33	空气混合风挡位置传感器电路开路； 进气伺服电动机电路开路或短路； 空气混合伺服电动机锁住
34	进气风挡位置传感器电路开路； 进气伺服电动机电路开路或短路； 空气混合伺服电动机锁住

注：*仅在发生现时故障时，日光传感器和压缩机同步传感器开路才能检测出来。其他代码在现时故障（蜂鸣器发出声音）和过去故障（蜂鸣器不发出声音）时，均可检测出来。

4）清除故障码

（1）取出 2 号接线盒中的 ME 熔丝 10 s 以上，从存储器中清除故障码。

（2）重新装回熔丝，并确认输出正常代码。

5）执行器检查

（1）进行传感器检查状态后，按下 REC 开关。

（2）由于从温度显示 20 开始，每隔 1 s，便按顺序自动运转每个风挡、电动机和继电器，所以可用肉眼和手检查温度和空气流量。如要慢慢显示，可按 UPA 开关，改成步进运转。

每按一次 UPA 开关,改变一次显示。

说明:

①当显示代码改变时,蜂鸣器发出响声。

②故障码由最小到最大,依次显示。

2. 故障诊断技巧

掌握空调系统诊断技巧,可以使故障诊断更换迅速、准确。空调系统故障诊断技巧见表 2-9。

表 2-9　空调系统故障诊断技巧

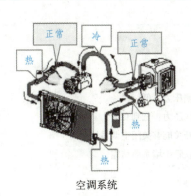 空调系统	一种非常有效的分析手段是"感受测试",这是一种用手触摸管路和组件的温降来判断可能发生堵塞位置的方法。 有时压力表上的读数是不明显的,必须考虑与空调系统相关的充注口的定位,压力表读数可能高,也可能低,这主要是由充注口哪一侧发生堵塞决定的,使用压力表时,同时使用"感觉测试"方法。 常规系统: 高压端:热 低压端:冷
 高压端(充注口后)	• 高端压力:高 • 低端压力:低到正常 • 高压开关无法关闭空调系统,但低压开关或许可以 • 压缩机有噪声 • 堵塞前高压软管非常热 • 堵塞后高压软管从冷变热
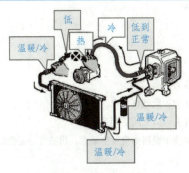 高压端(充注口前)	• 高压侧压力:低 • 低压侧压力:低到常规 • 高压开关无法关闭空调系统,也许低压开关可以 • 压缩机有噪声 • 堵塞发生前高压软管很热 • 堵塞后高压软管从冷变热

续表

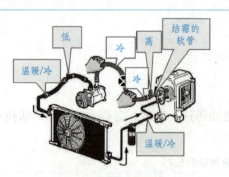 低压端（充注口后）堵塞	高压侧压力：低 低压侧压力：高 低压开关能够关闭空调系统 低压软管于堵塞前结雾
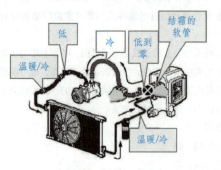 低压端（充注口前）	高压侧压力：低 低压侧压力：低到真空 低压开关能够关闭空调系统 低压软管于堵塞前结霜
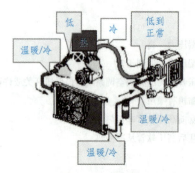 节流管（CCOT 系统）	高端压力：低 低端压力：低到真空 高压开关可以关闭空调系统 节流管后的管路发生结霜
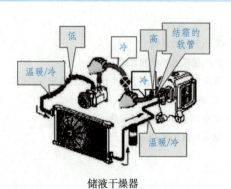 储液干燥器	高端压力：高 低端压力：低到真空 低压开关可以关闭空调系统 如果储液干燥器本身发生堵塞，出液管一定会结霜

续表

 检查制冷剂充注 –CCOT 系统	使空调系统运转，将一只手放在节流管出口一侧，另一只手放在储液罐顶部。 如果储液罐温度比节流管后的温度高，那么制冷剂没有按照规范充注。增加 150 g，再次检查
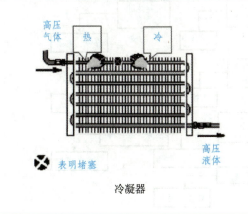 冷凝器	高压蒸气在冷凝器内传送，在接近冷凝器前 1/3 的部分处，形成了高压液体。伴随这种状态的变化，温度也将发生微弱变化（取决于环境温度）。 用手指沿着冷凝器管路（注意不要烫伤），可以感受到制冷剂状态发生变化的位置。然而这种变化是非常微弱的。但如果在接近前 1/3 处感觉到温度变化，那么堵塞可能就发生在这里。 在平行流式冷凝器中，制冷剂流经一根以上的管路，这样在环境温度较低情况下，冷凝器更有效率。但环境温度上升并且需要更多的制冷剂时，其中一根管路发生堵塞将会造成诸如性能变差、压力过高等问题

3. 制冷系统不制冷的故障诊断方法

起动发动机，打开空调开关，打开风机开关，出风口无冷气吹出。这种情况可能是电器方面或是机械方面的原因。其检查流程如图 2-145 所示。

（1）电器方面的检查。系统不制冷主要是指压缩机没有工作，压缩机电磁离合器的电路、空调开关、高压开关、低压开关以及温控放大器等都与压缩机的电磁离合器串联，只要有一个元器件发生故障，空调压缩机就要停止工作。一旦压缩机不工作，在检查电器故障的过程中，要循序渐进，从简到繁，切忌乱拆。

①检查熔丝是否熔断。如果熔丝熔断，则说明电路中可能有某个地方短路。这时应检查导线的绝缘层有无损坏以及产生短路烧坏的迹象。在未查明原因之前不要随便接上熔丝进行试机，以免电气系统遭受更大的损坏。

②断开压缩机电磁离合器的线束，直接将常电源正极引到电磁离合器，若离合器工作，说明电磁离合器本身正常，继续检查其他方面。

③检查电路中的空调开关、高压开关、低压开关以及温控放大器。先检查高、低压开关，然后观察温控放大器，最后检查空调开关。检查方法是用短路法。例如，要检查低压开关，就将低压开关短路，然后打开空调开关，如果电磁离合器能吸合，则说明低压开关有故障，或者制冷系统中制冷剂已经泄漏。可用歧管压力表进一步检查系统内的制冷剂压

力，以判断制冷剂是否泄漏。

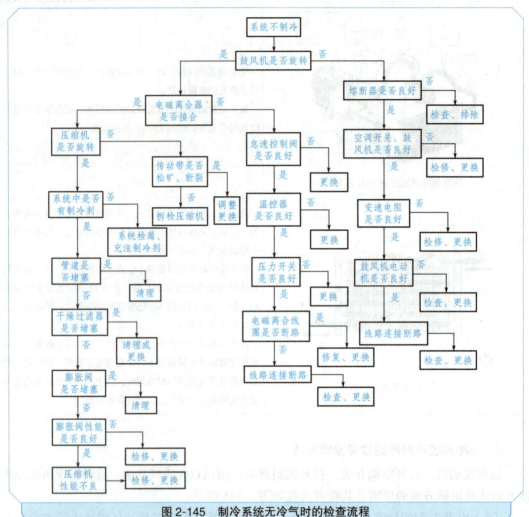

图 2-145　制冷系统无冷气时的检查流程

（2）机械方面的检查。在确认电气系统工作正常的情况下，系统不制冷，就需要进行机械方面的检查。

①压缩机驱动带断裂。

②制冷系统堵塞。系统堵塞后，制冷剂无法循环，从而导致系统不制冷。用歧管压力表检测系统内的压力，结果是低压侧压力很低，高压侧压力非常高。系统最可能产生堵塞的部位是干燥滤清器及膨胀阀。

③膨胀阀感温包破裂。由于感温包破裂，装在里面的工质就会全部流失造成膨胀阀膜片的上方压力为零，阀针在弹簧力的作用下，将阀孔关闭。制冷剂无法流向蒸发器，因此系统无法制冷。感温包破裂后，膨胀阀一般要换新件。

④系统内制冷剂全部漏失。系统内没有制冷剂，系统当然无法制冷。检测时可用歧管压力表测系统的压力，若高、低侧压力都很低，说明制冷剂已经泄漏。如果出现这种情况，应用检漏仪详细检查以确定其泄漏部位，然后进行修复。修复后要对系统抽真空，然后按

规定加足制冷剂及冷冻油。

⑤压缩机进、排气阀片损坏。由于阀片损坏，压缩机起不到吸入、排出的作用，从而使制冷剂无法循环，系统当然无法制冷。可用歧管压力表检测系统内的压力，结果应是高、低压侧的压力接近相等。阀片损坏后，要拆卸压缩机进行修理或换新件。

4. 故障诊断流程（上海别克轿车）

上海别克轿车采用暖风、通风与空调组合式空调系统（HVAC），结构上分成两个典型系统，即CJ4和C60系统。CJ4系统也称为高配系统或双驱动系统，是前（驾驶区）、后（乘客区）或分别控制；而C60则称为低配系统，其前、后部统一控制。下面就以CJ4-HVAC和C60-HVAC系统为例介绍空调系统故障诊断流程。

CJ4-HVAC系统的功能检查如图2-146所示，C60-HVAC系统的功能检查如图2-147所示。

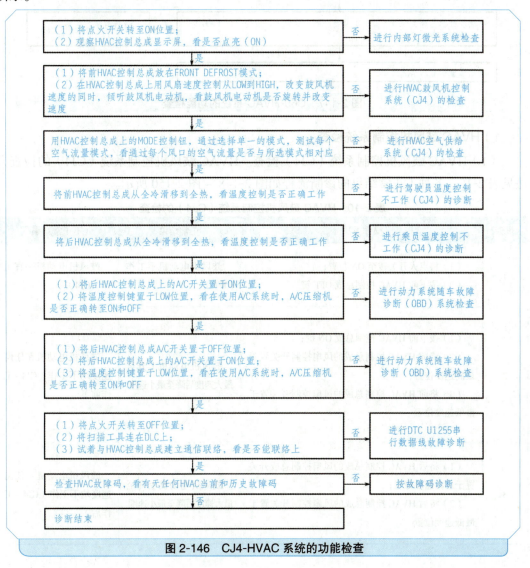

图2-146　CJ4-HVAC系统的功能检查

课题二 汽车空调制冷系统的维修

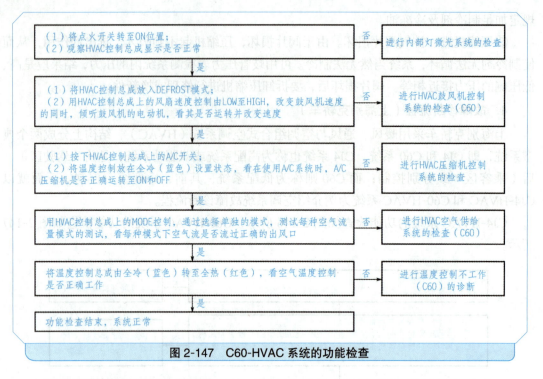

图 2-147 C60-HVAC 系统的功能检查

1）HVAC 鼓风机控制系统检查

（1）HVAC 鼓风机控制系统（CJ4）检查。HVAC 鼓风机控制系统（CJ4）的检查方法见表 2-10，各种不正常结果的诊断流程如图 2-148～图 2-150 所示。

表 2-10 HVAC 鼓风机控制系统（CJ4）的检查

步骤	操作方法	正常结果	不正常结果
1	（1）将点火开关转至 ON 位置； （2）按下前 HVAC 控制总成 OFF 键	鼓风机电动机不工作（OFF）	鼓风机电动机一直工作（CJ4）
2	（1）按下前 HVAC 控制总成 ON 键； （2）将前 HVAC 控制总成的风扇控制开关置于最高速度位置； （3）将前 HVAC 控制总成的风扇控制开关置于最低速度位置	鼓风机电动机上升至最大速度后降至最小速度	鼓风机电动机在任何速度均不工作（CJ4-工作前）
3	（1）将后 HVAC 控制总成的风扇控制总成开关置于最高速度位置； （2）将后 HVAC 控制总成的风扇控制开关置于最低速度位置	鼓风机电动机上升至最大速度后降至最小速度	鼓风机电动机在任何速度均不工作（CJ4-工作后）

任务四 制冷系统故障诊断

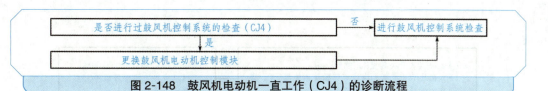

图 2-148 鼓风机电动机一直工作（CJ4）的诊断流程

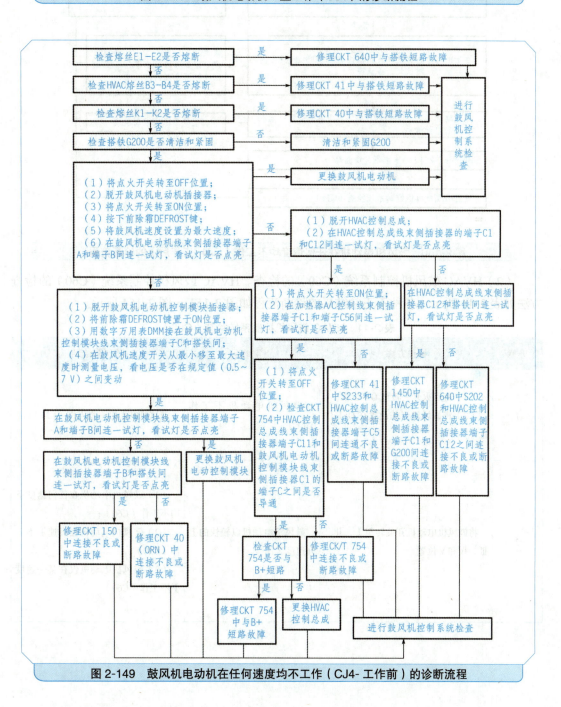

图 2-149 鼓风机电动机在任何速度均不工作（CJ4-工作前）的诊断流程

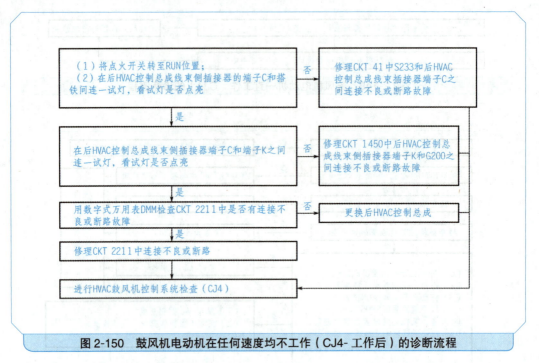

图 2-150　鼓风机电动机在任何速度均不工作（CJ4- 工作后）的诊断流程

（2）HVAC 鼓风机控制系统（C60）的检查。HVAC 鼓风机控制系统（C60）的检查方法如表 2-11 所示，各种不正常结果的诊断流程如图 2-151～图 2-154 所示。

表 2-11　HVAC 鼓风机控制系统检查（C60）

步骤	操作方法	正常结果	不正常结果
1	（1）将点火开关转至 ON 位置； （2）将鼓风机开关设置在 OFF 位置	鼓风机电动机不工作（OFF）	鼓风机电动机一直工作（CJ4）
2	将鼓风机电动机开关转至Ⅰ、Ⅱ、Ⅲ、Ⅳ和Ⅴ位置	鼓风机电动机以较快的上升速度工作	（1）鼓风机电动机在任何速度下均不工作（C60）； （2）鼓风机电动机在高速下不工作（C60）； （3）鼓风机电动机仅在某一速度下不工作（C60）

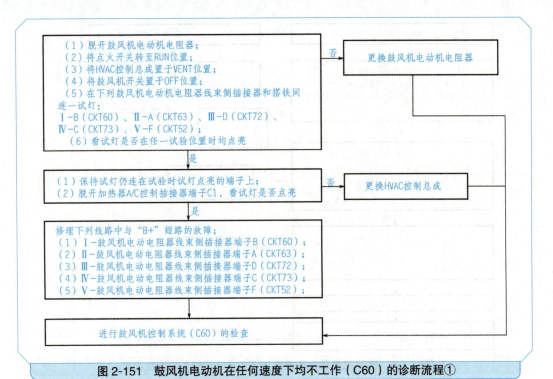

图 2-151　鼓风机电动机在任何速度下均不工作（C60）的诊断流程①

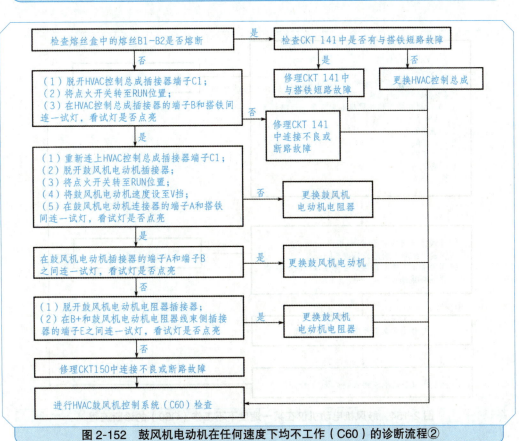

图 2-152　鼓风机电动机在任何速度下均不工作（C60）的诊断流程②

课题二 汽车空调制冷系统的维修

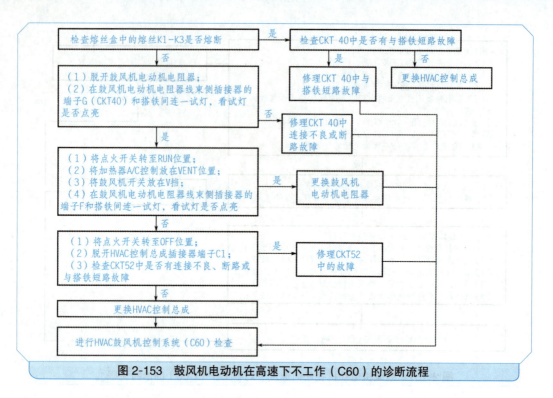

图 2-153 鼓风机电动机在高速下不工作（C60）的诊断流程

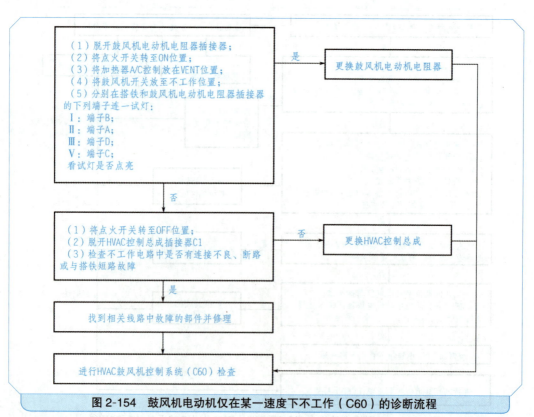

图 2-154 鼓风机电动机仅在某一速度下不工作（C60）的诊断流程

2) HVAC 空气供给系统检查

HVAC 空气供给系统（CJ4）的检查见表 2-12，HVAC 空气供给系统（C60）的检查见表 2-13。空气供给不工作的诊断流程如图 2-155 所示。

表 2-12 HVAC 空气供给系统（CJ4）的检查

步骤	操作方法	正确结果	不正确结果
1	（1）起动发动机； （2）压下前 HVAC 控制总成的 OFF 键	（1）显示外界的温度； （2）鼓风机不运转	参见故障码表
2	（1）压下前 HVAC 控制总成的 ON 键； （2）将风扇控制开关置于中速（MID）位置； （3）将温度控制放在左侧（蓝色区域）； （4）按下前除霜键 DEFROST	（1）鼓风机以中速运转； （2）空气由仪表板出风口流出； （3）A/C 照明； （4）发动机怠速转速上升； （5）空气由风扇出风口流出； （6）发动机冷却风扇可能工作	参见空气供给不正常的诊断流程
3	将 HVAC 控制总成置于 VENT 位置	空气由仪表板出风口流出	
4	将 HVAC 控制总成置于 FLOOR 位置	空气由地板出风口流出	
5	将 HVAC 控制总成置于 BILEVEL 位置	空气由仪表板出风口和地板出风口流出	
6	将 HVAC 控制总成置于 VENT 位置	外界空气由仪表板出风口流出	参见空气供给不正常的诊断流程
7	按下 HVAC 控制总成上的循环键	内部空气循环通过仪表板出风口和地板出风口	
8	按下 HVAC 控制总成的 OFF 键	（1）发动机怠速转速下降； （2）空气开始变暖	

课题二 汽车空调制冷系统的维修

表2-13 HVAC空气供给系统（C60）的检查

步骤	操作方法	正常结果	不正常结果
1	（1）起动发动机； （2）将HVAC控制总成上的风扇控制开关放在中速位置（MID）； （3）将温度控制放至左边（蓝色区域）； （4）将模式选择器按钮转至VENT位置； （5）按下A/C开关	（1）鼓风机以中速运转； （2）空气由仪表板出风口流出； （3）发动机急速转速升高； （4）压缩机接通（ON）； （5）空气流变冷； （6）发动机冷却风扇可能运转	参考动力系统随车诊断（OBD）系统检查
2	按下HVAC控制总成上的FRONTDEFROST键	空气由风扇出风口流出，除非外界温度低于4℃，否则空调压缩机将自动工作	参考真空系统
3	将HVAC控制总成置于FLOOR位置	空气由地板出风口流出	
4	将HVAC控制总成置于BILEVEL位置	空气由仪表板出风口和地板出风口流出	
5	将HVAC控制总成置于DEFOG位置	空气由地板出风口前除霜器侧窗出风口流出，除非外界温度低于4℃，否则空调压缩机将自动工作	
6	按下HVAC控制总成上的"循环"键	内部空气循环通过仪表板出风口和地板出风口	

任务四 制冷系统故障诊断

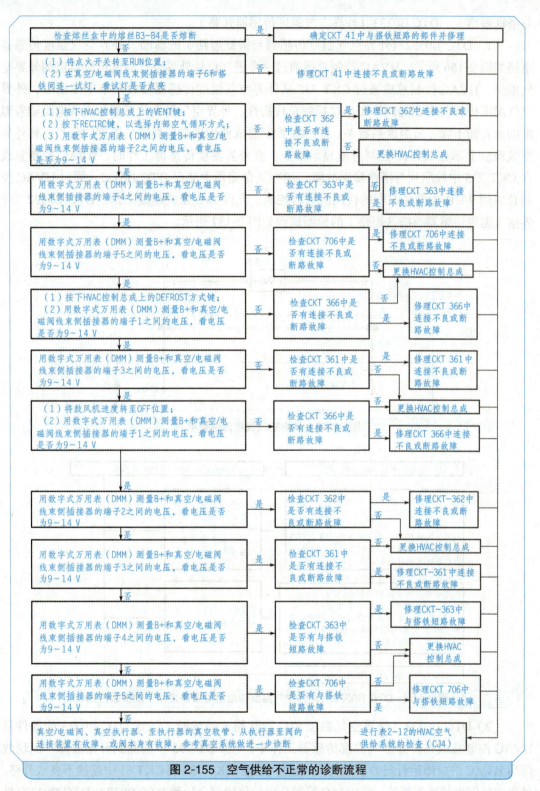

图 2-155 空气供给不正常的诊断流程

3）HVAC 系统的故障码诊断

上海别克轿车 HVAC 系统有两个故障码，分别为 DTC B0322（外界空气温度传感器与搭铁短路）、DTC B0333（外界空气温度传感器开路）。

（1）DTC B0332（外界空气温度传感器与搭铁短路）的诊断。外界空气温度传感器电路如图2-156所示。HVAC控制总成通过一个进气口从外界空气温度传感器监测外界空气温度。HVAC控制总成通过CKT 735从外界空气温度传感器接收一个电压信号，外界空气温度传感器CKT 61由HVAC控制总成搭铁。外界空气温度传感器的内部电阻随着温度的上升而下降（负温度系数）。HVAC控制总成使用来自外界空气温度的信号，将外界空气温度显示在HVAC控制总成显示屏上。在外界温度传感器工作时，HVAC控制总成在CKT 735中检测到与搭铁短路故障，便在其存储器中储存DTC B0332，同时HVAC控制总成用9℃作为外界温度的代用值进行控制，允许A/C系统继续工作。DTC B0322（外界空气温度传感器与搭铁短路）的诊断流程如图2-157所示。

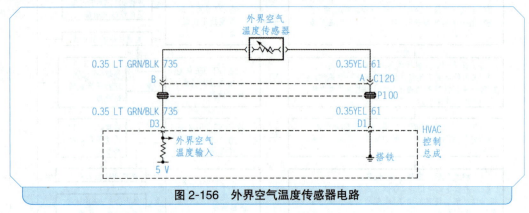

图2-156　外界空气温度传感器电路

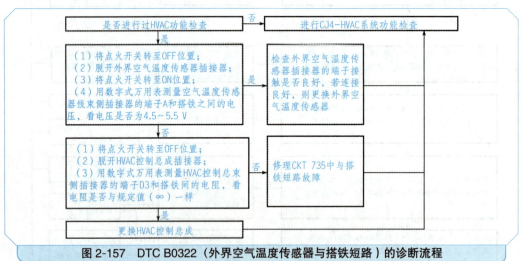

图2-157　DTC B0322（外界空气温度传感器与搭铁短路）的诊断流程

（2）DTC B0333（外界空气温度传感器开路）的诊断。设置DTC B0333的条件是HVAC控制总成在外界空气温度传感器工作中，在CKT 735中检测到开路故障。出现故障后HVAC的故障运行与DTC B0332相同。注意：CKT 735或CKT 61中连接不良或开路、外界空气温度传感器故障，或HVAC控制总成的故障都会导致DTC B0333。DTC B0333（外界空气温度传感器开路）的诊断流程如图2-158所示。

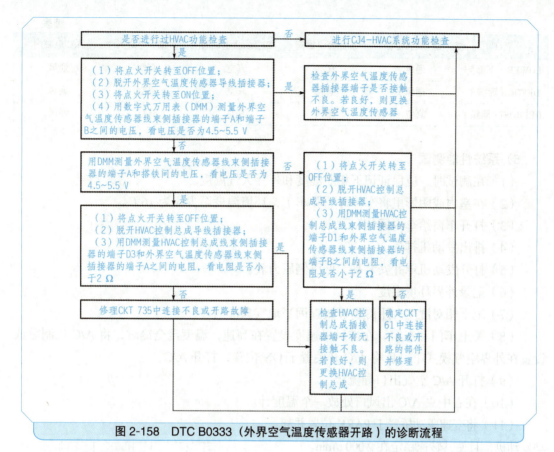

图 2-158　DTC B0333（外界空气温度传感器开路）的诊断流程

4）真空系统诊断

为避免错误诊断，在进行真空系统诊断之前应完成 HVAC 空气供给系统检查。

（1）检查发动机运转时供给真空／电磁阀的真空压力：发动机运转时的真空压力约为 60 kPa；发动机关闭后，真空压力应该保持在大约 60 kPa。

（2）通过脱开真空软管或直接向执行器施加真空，检查每个执行器，必要时，修理或更换。

（3）重新连上所有真空和电气插接器，在发动机运转和循环加热器、A/C 控制的工作模式的同时，观察模式阀执行器的位置。当施加真空时，执行器将缩回，见表 2-14；若真空执行器不应缩回时缩回，则更换 HVAC 控制总成；若真空执行器应缩回时不缩回，则应检查有无真空泄漏，以及真空软管损坏或阀卡滞等情况，若无，应更换真空／电磁阀。

表 2-14　空气供给真空分配表

项目	除霜电磁阀	加热器电磁阀	Bi-Level 电磁阀	再循环电磁阀	A/C 电磁阀
真空软管颜色	黄色	红色	褐色	橙色	蓝色
真空执行器	加热器／除霜阀	加热器／除霜阀	A/C Bi-Level 阀	空气进口阀	A/C Bi-Level 阀
OFF（关）	通风	通风	通风	真空	通风
UPPER（上部）	通风	真空	通风	真空	真空
MIDDLE（中部）	通风	真空	通风	真空	通风

续表

项目	除霜电磁阀	加热器电磁阀	Bi-Level 电磁阀	再循环电磁阀	A/C 电磁阀
LOWER（下部）	通风	真空	真空	真空	通风
DEFOG（除雾）	通风	通风	通风	真空	通风
DEFROST（除霜）	真空	通风	真空	真空	通风

5）系统性能测试

（1）在测试时，应保证记下相对湿度和外界大气温度。

（2）在室内或阴影里将车停好（驻车），环境温度至少应为 16℃。

（3）打开车窗给车内通气。

（4）排出发动机排气。

（5）打开发动机罩并安装高、低压侧压力表。

（6）记录外界环境温度。

（7）记下相对湿度。用湿度计或查询当地气象部门。

（8）关上车门和车窗。在鼓风机速度设置在高速，温度至全冷时，将 A/C 控制总成设置在外界空气模式下，且将 A/C 开关置于 ON 位置，打开 A/C。

（9）打开 A/C 空气出口导流板。

（10）在右中央 A/C 出风口处放一个温度计。

（11）将变速驱动桥置于 PARK 位置并起动发动机，且使其转速稳定在 2 000 r/min。

（12）让 A/C 系统运转，直到出风口空气达到最低温度（大约 3 min）。

（13）记下出风口空气温度和高、低压侧压力（见图 2-159）。

（14）关闭发动机，将读得的数据与 A/C 性能测试表（见表 2-15）中的极限数据相比较，正常工作的 A/C 系统应不超过表中的标准。若读数超过了表 2-15 中的极限值，应进行 VDOT A/C 系统诊断；若读数低于表 2-15 中的极限值，应进行制冷系统的检查。

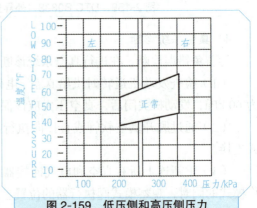

图 2-159 低压侧和高压侧压力

表 2-15 系统性能测试

相对湿度 /%	外界空气温度		最大低侧压力		发动机转速/ (r·min^{-1})	最大右中央空气出风口温度		最大高侧压力	
	℉	℃	psi	kPa		℉	℃	psi	kPa
20	70	21	37	255	2 000	46	8	248	1 710
	80	27	37	255		47	8	303	2 069
	90	32	37	255		53	12	358	2 468
	100	38	38	262		54	12	358	2 468

续表

相对湿度 /%	外界空气温度		最大低侧压力		发动机转速 / (r·min⁻¹)	最大右中央空气出风口温度		最大高侧压力	
	℉	℃	psi	kPa		℉	℃	psi	kPa
30	70	21	37	255	2 000	48	9	264	1 820
	80	27	37	255		50	10	314	2 165
	90	32	39	269		57	14	374	2 579
	100	38	43	262		60	16	396	2 482
40	70	21	37	255	2 000	49	9	286	1 972
	80	27	37	255		53	12	336	2 317
	90	32	42	290		60	16	391	2 696
	100	38	49	338		66	19	435	2 999
50	70	21	37	255	2 000	51	11	303	2 069
	80	27	39	269		56	13	352	2 427
	90	32	46	317		63	17	413	2 848
	100	38	55	379		72	22	*	*
60	70	21	37	255	2 000	53	12	319	2 199
	80	27	42	290		59	15	374	2 579
	90	32	49	338		66	19	429	2 958
	100	38	60	414		78	26	*	*
70	70	21	37	255	2 000	55	13	336	2 317
	80	27	45	310		62	17	391	2 696
	90	32	53	365		70	21	446	3 075
80	70	21	41	283	2 000	56	13	352	2 427
	80	27	48	331		65	18	407	2 806
	90	32	57	393		73	23	*	*
90	70	21	45	310	2 000	58	14	369	2 544
	80	27	52	359		68	20	424	2 923

注：* 压缩机不运转，将导致过大的高压侧压力。

1 psi=6.894 76 × 10³ Pa。

6）VDOT A/C 系统诊断

征兆诊断步骤的目的是诊断 V5 压缩机和 VDOT 制冷系统的任何故障导致的制冷不足。

V5 压缩机是一种可变排量的压强机。V5 压缩机通过改变冲程来满足空调请求，减少离合器的循环。在 A/C 压缩机的后面装有一个控制阀，该控制阀具有监测压缩机低侧压力并使压缩机机械部件达到所需冲程的功能。

（1）初步检查。

①检查 A/C 熔丝，必要时更换。

②检查 A/C 鼓风机的工作，必要时修理。

③检查离合器线圈电气连接，必要时修理。

④检查有无故障码，必要时修理。

⑤检查驱动带，若驱动带损坏则更换。

⑥检查电子冷却风扇的工作，必要时修理。

⑦检查冷凝器的空气节流情况，必要时清洁。

⑧检查空气流动系统中的所有缩口。

（2）VDOT 制冷剂充注。充注 VDOT 制冷剂时歧管压力表连接情况如图 2-160 所示。其充注方法与其他车型基本相同。

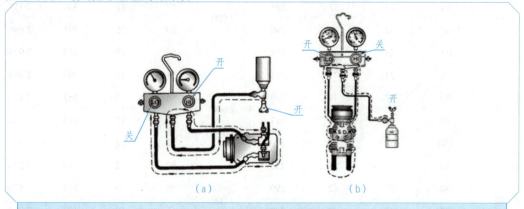

图 2-160　VDOT 制冷剂充注

（a）高压侧加注制冷剂；（b）低压侧加注制冷剂

7）制冷系统的检查

制冷系统的检查如图 2-161 所示。

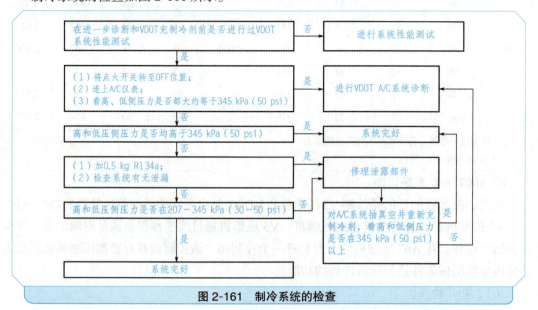

图 2-161　制冷系统的检查

任务四 制冷系统故障诊断

8)加热不足的诊断流程

HVAC 系统加热不足的诊断流程如图 2-162 所示。

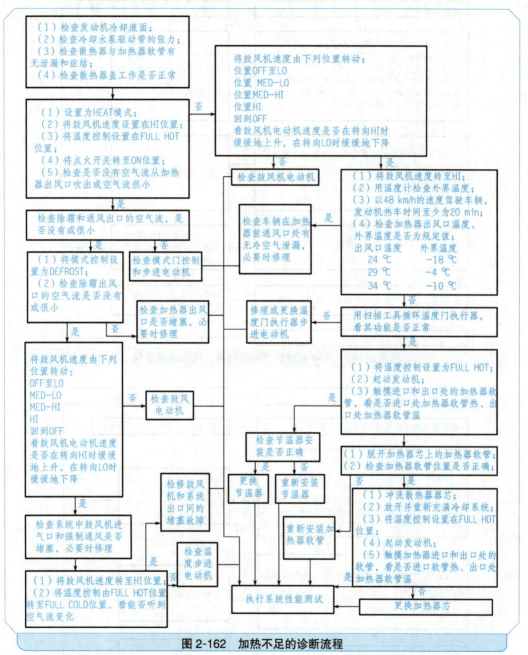

图 2-162 加热不足的诊断流程

9)温度控制不工作的诊断流程

CJ4 驾驶员温度控制不工作的诊断流程如图 2-163 所示,CJ4 乘员温度控制不工作的诊断流程如图 2-164 所示;C60 温度控制不工作的诊断流程如图 2-165 所示。

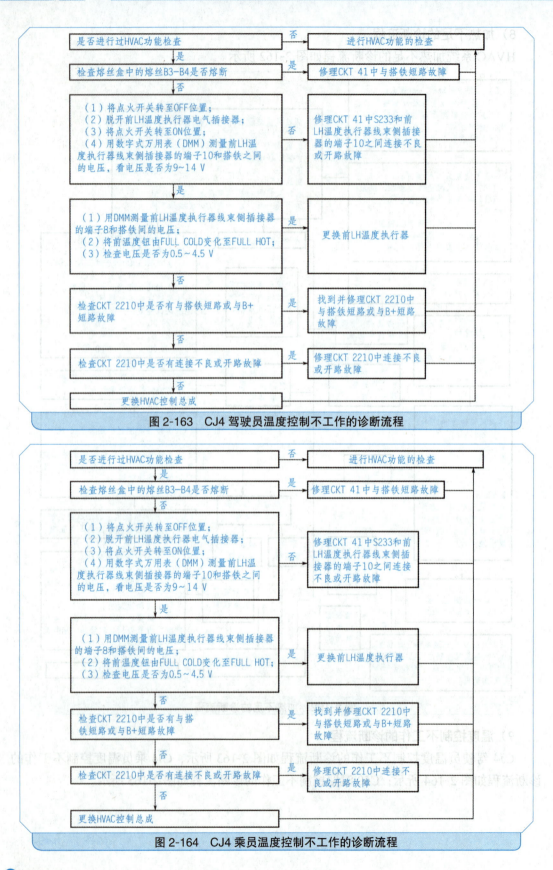

图 2-163　CJ4 驾驶员温度控制不工作的诊断流程

图 2-164　CJ4 乘员温度控制不工作的诊断流程

任务四 制冷系统故障诊断

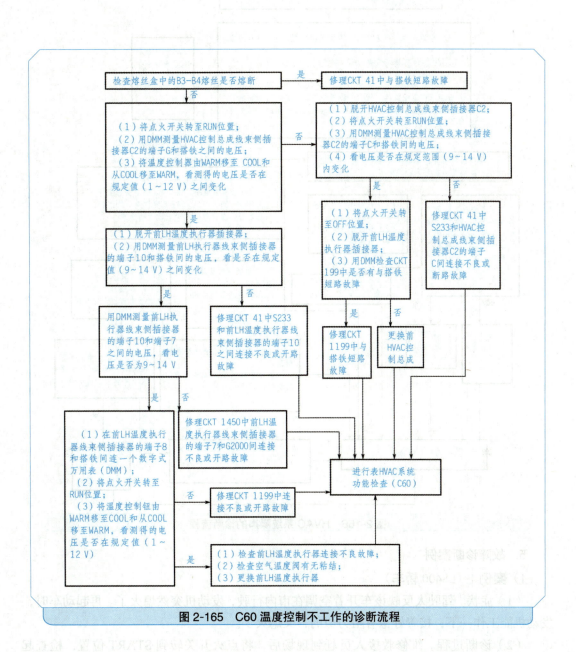

图 2-165　C60 温度控制不工作的诊断流程

10）HVAC 系统噪声的诊断流程

HVAC 系统噪声的诊断流程如图 2-166 所示。

课题二 汽车空调制冷系统的维修

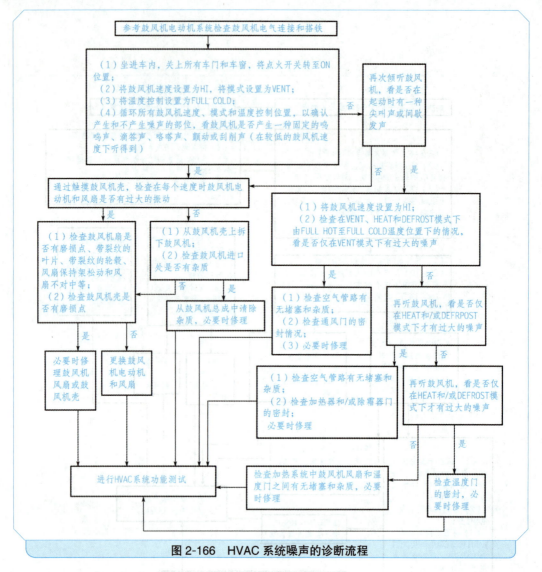

图 2-166　HVAC 系统噪声的诊断流程

5. 故障诊断案例

1）案例 1（LS400 轿车）

（1）症状。驾驶人反映该车开着空调在市内行驶，发动机突然熄火了。再起动车时，发动机能工作一下，接着好像有阻力似的，又熄火了。

（2）诊断过程。维修救援人员赶到现场后，将点火开关转到 START 位置，检查起动机的工作情况，与驾驶人反映的情况一致。经检查，蓄电池电压充足。分析起动机在行驶过程中不可能突然损坏，怀疑是发动机上的某个部件损坏，使发动机转动阻力增大。

将发动机前部的传动带拆下，转动转向助力泵、发电机、空调压缩机带轮都很轻松，传动带轮没有故障。这时想到，车辆行驶时因空调开着，压缩机带轮与离合器接合，这时用很大的力也不能转动带轮，说明压缩机内部卡死。

将压缩机拆下，更换一个新压缩机，对制冷系统进行清洗、抽真空，按规定量充注制冷剂。制冷系统又可正常工作了,但制冷效果不是太好。

该车只行驶了 60 000 km。正常情况下,压缩机不应损坏。又了解到该车前段时间制冷效果就不是太好,后来在某修理厂修理后效果好点。经过了解,感觉制冷系统还有其他故障存在。

经压力检测,发现系统高、低压侧压力均较高,低压侧的压力达到 0.25 MPa,高压侧的压力达到 2.4 MPa,而标准值低压侧压力为 0.15 ~ 0.2 MPa,高压侧压力为 1.4 ~ 1.5 MPa。压力高出这么多,可能是制冷剂充入过量。

用制冷剂回收机将制冷剂回收一部分,使高、低压侧压力与标准值相符。

手摸从压缩机出来的高压管,感觉温度很高,而从冷凝器出来的高压管的温度也很高,可能是冷凝器散热不好,准备用水冲一下冷凝器,看制冷系统冷却效果如何。轻轻一冲,就流出很多污物,再反复冲洗,冲出很多昆虫、树叶等。冲洗完后,感觉空调系统制冷效果很好。再检查高、低压侧压力,又充了少许制冷剂,这时效果更好了。

(3)分析。该车盲目给制冷系统充注制冷剂,造成系统压力过高,从而使压缩机损坏。这个故障的维修也提醒我们:在维修时一定要找准故障,不要南辕北辙,造成车辆损坏。

2)案例2(丰田花冠 COROLLA 2.0 轿车)

(1)症状。制冷系统压力屡次降低。驾驶人反映该车夏季时打开空调开关,制冷系统不工作,于是到一家修理厂维修,经检查制冷系统制冷剂不足,向系统内补充了制冷剂,当时试验制冷效果良好。三天后,制冷系统制冷效果变差,又到那家修理厂检查,这次是因为制冷系统高、低压侧压力低,用检漏仪检测,系统不泄露,以为是原来充注不足,于是又补充了制冷剂。可是三天后,制冷系统压力又下降了。

(2)诊断过程。制冷系统压力屡次下降,肯定是由制冷剂泄露引起的,其他原因不可能引起系统压力降低。

在制冷系统的高、低压侧接上压力表组检测,高、低压侧压力均低于标准值,结合驾驶人反映的情况,可判定系统有泄漏。用制冷剂检漏仪对制冷系统进行检漏,当探头放在进、出驾驶室的高压管上停一段时间后,检漏仪发出鸣叫声,再将探头放在低压管上,检漏仪也发出鸣叫声,两处都鸣叫,分不清到底是哪根管泄漏。

将两个管接头均拆下,检查O形密封圈,没损坏。为安全起见,更换了两个O形密封圈。对制冷系统抽真空,充制冷剂后,制冷系统可正常工作。将检漏仪探头再次放在进出驾驶室的高、低压管上停一段时间,检漏仪又发出鸣叫声,此时分析可能是驾驶室内部泄漏引起的,即可能是由于蒸发器及其连接管泄漏。

将蒸发器拆下,观察后发现蒸发器右下部有油污,可能是此处泄漏,加压试验果然如此。用铝焊将其焊好后,重新装复,对制冷系统抽真空、充制冷剂后,系统制冷正常,用检漏仪放在制冷系统的任何部位检测,检漏仪均不鸣叫。

(3)分析。蒸发器装在驾驶室内部,极少发生泄漏,很多人检漏时将此处列为免检部位。但故障率低,并不表示不发生故障,在本故障的检测中,若开始拆下手套箱下的护板,用检漏仪检测一下,就很容易发现故障原因了。

课题二 汽车空调制冷系统的维修

3) 案例3（捷达CT5）

（1）症状。汽车输出的冷气时有时无。

（2）诊断过程。慢速行驶时空调输出的冷气无异常，加速时没有冷气，松开加速踏板空挡滑行时，前出风口有冷气吹出。加速行驶时前出风口没有风，停车检查，空调系统正常，于是原地加速2 500 r/min时，发现前出风口没有冷气吹出，但风挡侧的出风口有风吹出。因这辆汽车的风道由真空机构控制，所以判断故障应在真空机构。拔下真空单向阀，用嘴吸通气，说明真空单向阀已不起作用，由此引发故障。从结构原理可知，当发动机转速高、节气门开度大时，进气管道的真空度就小，真空机构在弹簧的作用下关闭前出风口、风道和内循环；怠速时，节气门开度小，进气管的真空度大，经克服真空机构弹簧的作用，打开前出风口风道和内循环，所以怠速时有冷气吹出，加速时则没有风吹出。

（3）分析。上述故障都是比较常见的，因此在维修中，要熟悉其工作原理，分析其故障原因，找出问题所在，这是维修中最为重要的。

4) 案例4（宝马525i轿车）

（1）症状。在空调系统制冷开关打开时，风机1、2、3挡均无风吹出；但4挡有较小的风吹出，过一段时间后自动跳停。

（2）诊断过程。4挡有小风吹出，说明风机运转，制冷系统正常，只是调节系统有故障。拆检风机温控电阻（该电阻的触点和风机挡位相配），在冷态和热态下进行测量，其电阻的阻值无变化。当把电阻放在风机风口前时，风机最多工作1 h便自动跳停。后经仔细观察发现：电阻有一个触点的铆钉松动。铆紧该铆钉之后，把电阻装回原位，再打开风机试验，风机不再跳停，各挡位都恢复正常。

（3）分析。在维修时一定要找准故障，不要盲目地找故障，不要南辕北辙，造成车辆损坏。

5) 案例5（雪佛兰鲁米娜面包车（LUMINA 3.1L））

（1）症状。该车原来制冷效果极差，经检查高压侧压力过低，分析是压缩机损坏。更换新压缩机后，制冷效果很好，谁知两天后，压缩机发出异响，制冷效果又变差。

（2）诊断过程。压缩机在这么短的时间内损坏，其原因可能有两种：一是压缩机质量太差，二是安装维修不当。不管是什么原因，先将压缩机拆下，分解后检查，经检查发现压缩机缸壁严重损坏，分析是润滑不良造成的。询问维修人员得知，在安装压缩机时已加注了冷冻油。是冷冻油质量有问题吗？将冷冻油桶拿来一看，上面的标签上写着使用R134a制冷剂的压缩机用冷冻油，而该车使用的正是R134a制冷剂。再看标签，上面没注明生产厂家。将纯正的R134a和R12制冷剂冷冻油比较，一看就知道压缩机内加注的是R12冷冻油，故障就出在这里。

（3）分析。使用R134a制冷剂的压缩机中加注的冷冻油，是特制的聚亚烷二醇合成的冷冻润滑油。R12与R134a制冷剂冷冻油不能混合，若混合会产生油泥，使压缩机润滑不良，并腐蚀管路中的橡胶件，最终导致压缩机早期损坏。本车就是由于加错了冷冻油，而导致压缩机损坏的。

6）案例 6（韩国现代索纳塔汽车）

（1）症状。行驶 6 万 km 空调压缩机坏了，更换后使用不到一个月又损坏。

（2）诊断过程。压缩机更换后又损坏，其原因可能有以下几种：一是压力继电器失灵，二是安全阀失灵，三是干燥滤清器的过滤功能减退，四是蒸发器制冷负荷降低，五是系统泄露。不管是什么原因，决定逐一排查。经检查，压力继电器和安全阀都正常，当检查干燥滤清器时，发现干燥滤清器很脏，猜想故障原因可能来源于此。所以提醒维修人员在更换新压缩机前，最好彻底清洗系统管路，同时更换新的干燥滤清器。

（3）分析。干燥滤清器的功能之一是过滤污物，它安装在压缩机的进气口端，以防止铁屑、铁锈等污物进入压缩机损伤阀片和气缸。如果其过滤功能减退，污物便会被吸入压缩机，严重时造成压缩机损坏。

7）案例 7（凯迪拉克（CADILAC FLEETWOOD 5.7L））

（1）症状。驾驶人反映近段时间制冷系统的制冷效果不如以前了，将温度开关调至最低，从风口吹出的风也不是很凉。

（2）诊断过程。FLEETWOOD 型轿车的空调系统很先进，具有自诊断功能，通过触发能使空调系统控制电脑输出故障码。既然该车具有如此先进的功能，决定先进行一下自诊断，避免走弯路。

①将点火开关转至 ON 位置。
②同时按下空调控制板上的 OFF 及 TEMP（温度升高）键。
③空调控制板屏幕上显示"00"，表示进入车辆自我诊断系统。
④利用风量升高或风量降低键，选择诊断系统代码，空调控制系统的代码是 02。
⑤再按 OUT TEMP（外界温度）键，读取故障码。

读取该车故障码是 09，一查故障码表，含义是：制冷剂不足。拿出制冷剂压力测试表组，接在高、低压侧上进行测试，压力果然都很低。对系统补充了制冷剂，高、低压侧压力恢复正常，制冷效果又恢复到和原来一样了。简单地用检漏仪一测，也没发现泄漏点，以为故障已经解决。

三天后，汽车制冷效果又变差了，故障码仍是 09，说明制冷剂又不足了，判定制冷系统有泄漏处。

用检漏仪逐点认真检查，当检查到压缩机时，发现压缩机上的高压管接头处轻微漏制冷剂。将接头拆下后，更换了 O 形密封圈，抽真空，充制冷剂，制冷效果又恢复正常，故障解决。

（3）分析。电脑故障诊断系统不是万能的，它能根据空调系统众多的传感器，如车内温度传感器、车外温度传感器、日光传感器、高低压侧压力开关等，感知空调系统的工作状况。在检测传感器正常，而车内温度达不到要求的情况下，能做出判断：系统缺制冷剂。但电脑不能告诉某某处泄漏了，某某处堵塞了，这些工作还需要我们一步步、认真地去做，不能草率了事。

七、技能考核

（1）教师为每组学生准备好汽车（带电控自动空调）及其相关技术资料和必要的工具。

（2）小组学生在查阅技术资料的基础上完成汽车空调制冷系统的检查、维护与故障诊断工作，并完成表 2-16 所示的技能学习工作单。

（3）教师观察学生学习过程，最后审阅学生完成的工作单，给出评价。

表 2-16　技能学习工作单

实训项目：　汽车空调制冷系统故障诊断

班级学号		姓　名	

1. 你所查阅的技术资料有：
_____
_____。

2. 请描述观察的汽车相关信息：
（1）生产厂家：_____。
（2）汽车型号：_____。
（3）汽车的类型：_____。
（4）与空调系统相关的技术参数：_____
_____
_____。

3. 空调制冷系统的常规检查。
请记录你所进行的检查项目及检查结果：

4. 空调系统的维护。
请记录你所进行的维护项目，并说明所进行的维修内容：

5. 空调电路的检测
（1）空调电源的检测结果是：□正常　□不正常，你得出这一结论的依据是_____
_____。

（2）车内温度传感器的检查结果是：□正常　□不正常，你得出这一结论的依据是_____
_____。

（3）车外温度传感器的检查结果是：□正常　□不正常，你得出这一结论的依据是_____
_____。

（4）蒸发器温度的检查结果是：□正常　□不正常，你得出这一结论的依据是_____
_____。

（5）水温传感器的检查结果是：□正常　□不正常，你得出这一结论的依据是_____
_____。

（6）日光传感器的检查结果是：□正常　□不正常，你得出这一结论的依据是_____
_____。

续表

班级学号		姓名	

（7）鼓风机电路的检查结果是：□正常　□不正常，你得出这一结论的依据是_____
_____。

（8）空气混合伺服电动机及传感器电路的检查结果是：□正常　□不正常，你得出这一结论的依据是_____
_____。

（9）进风控制伺服电动机及传感器电路的检查结果是：□正常　□不正常，你得出这一结论的依据是_____
_____。

（10）送风伺服电动机电路的检查结果是：□正常　□不正常，你得出这一结论的依据是_____
_____。

（11）最冷控制伺服电动机电路的检查结果是：□正常　□不正常，你得出这一结论的依据是_____
_____。

（12）压缩机电路的检查结果是：□正常　□不正常，你得出这一结论的依据是_____
_____。

6. 系统压力的检测。

系统压力的检测结果是：□正常　□不正常，你得出这一结论的依据是_____
_____。

7. 故障诊断。

1）故障自诊断。

（1）所使用的诊断仪器是：_____。

（2）是否读到了故障码：□是　□否。

如果读到了故障码，其代码是_____。根据这一故障码，说明系统可能存在的故障部位是_____，接下来的处理方法是_____。

为排除此故障，你最后所做的维修工作是_____。

2）故障诊断与排除

（1）描述车辆空调制冷系统存在的故障现象：_____。

（2）根据这一故障现象，你判断故障可能发生的部位是_____。

（3）请描述你所做的诊断过程：_____
_____。

（4）最终查明的故障原因是_____。

（5）根据这一故障原因，你所采用的维修方法是_____。

（6）故障是否排除？□是　□否。

如果故障没有排除，请记录你接下来的操作：_____
_____。

8. 自我评价（个人技能掌握程度）：□非常熟练　□比较熟练　□一般熟练　□不熟练

教师评语：（包括工作单填写情况、查阅资料能力、观察的方法、小组协作情况等，并按等级制给出成绩）

实训记录成绩_____　　教师签字：_____　　_____年____月____日

课题二 汽车空调制冷系统的维修

学习检验

一、简答题

（1）简单说明汽车空调制冷循环的形成过程。
（2）描述单级蒸气压缩式制冷循环的制冷原理。
（3）说明吸气节流阀制冷系统的控制原理。
（4）简述离合器与膨胀阀共同控制的制冷系统控制原理。
（5）为什么在孔管制冷系统中，需要安装吸气储液器？
（6）为什么要对制冷剂的加入量进行控制？通常轿车总加入量为多少？
（7）说明斜盘式压缩机的工作原理。
（8）说明汽车空调压缩机的种类及各类型压缩机的优缺点。
（9）为什么平行流式冷凝器得到广泛应用？
（10）为什么要在 CCOT 式空调系统中要安装吸气储液器？
（11）说明电磁离合器、高压压力开关、低压压力开关、恒温器、过热开关、蒸发压力调节阀和急速继电器的作用。
（12）说明电控自动空调在组成上与手动空调的区别。
（13）说明鼓风机转速控制自动控制的过程。
（14）说明电控自动空调系统对压缩机的控制项目。
（15）说明空调系统常规检查（指不拆解制冷系统）的内容。
（16）如何通过视液镜的观察判断制冷系统的状况？

二、单项选择题

（1）将低温低压液态制冷剂变为气态制冷剂的装置是（　　）。
　　A．压缩机　　　B．蒸发器　　　C．冷凝器　　　D．膨胀阀
（2）车内空气温度降低，是因为（　　）带走了进入车厢内的空气的热量。
　　A．压缩机　　　B．蒸发器　　　C．冷凝器　　　D．膨胀阀
（3）将气态制冷剂变成高温高压的制冷剂蒸气的装置是（　　）。
　　A．压缩机　　　B．蒸发器　　　C．冷凝器　　　D．膨胀阀
（4）促使制冷剂循环的装置是（　　）。
　　A．压缩机　　　B．蒸发器　　　C．冷凝器　　　D．膨胀阀
（5）含有中温高压的制冷剂的装置是（　　）。
　　A．压缩机　　　B．蒸发器　　　C．冷凝器　　　D．膨胀阀
（6）将制冷剂变为中温低压的液态制冷剂的装置是（　　）。
　　A．压缩机　　　B．蒸发器　　　C．冷凝器　　　D．膨胀阀

（7）利用膨胀阀和吸气节流阀联合控制进入蒸发器的制冷剂流量，从而使蒸发压力控制在某一设定值范围内，以保证蒸发器表面不结霜。此类型制冷系统称为（　）。

A．STV　　　　　B．POA　　　　　C．VIR　　　　　D．CCOT

（8）吸气储液器属于下列（　）系统。

A．STV　　　　　B．POA　　　　　C．VIR　　　　　D．CCOT

（9）我国于加入控制破坏大气层的蒙特利尔协议后，决定从（　）年起，汽车空调的制冷剂全部使用R134a。

A．1991　　　　　B．1996　　　　　C．1987　　　　　D．2000

（10）在处理制冷剂时，最重要的一项劳动保护是（　）。

A．穿工作服　　　B．穿工作鞋　　　C．戴护目镜　　　D．戴防护手套

（11）一般轿车空调系统制冷剂加注量为（　）。

A．200～300 g　　B．300～400 g　　C．400～500 g　　D．500～600 g

（12）冷冻油主要用于（　）。

A．压缩机　　　　B．蒸发器　　　　C．冷凝器　　　　D．膨胀阀

（13）下列（　）不是冷冻机油的主要作用。

A．润滑作用　　　B．冻结作用　　　C．密封作用　　　D．冷却作用

（14）在冷气系统储液器中制冷剂的状态为（　）。

A．高压气态　　　B．高压液态　　　C．低压气态　　　D．中压液态

（15）储液器除了储存多余制冷剂及吸收水分之外尚具有（　）的功用。

A．散热　　　　　B．减压　　　　　C．过滤　　　　　D．防止逆流

（16）冷凝器的主要作用是（　）。

A．放热　　　　　B．吸热　　　　　C．过滤　　　　　D．减压

（17）下列（　）不是曲柄连杆式压缩机的主要缺点。

A．体积大而重　　　　　　　　　　B．工作时有较大的振动

C．无法适用于高速　　　　　　　　D．无法适用于大排量空调系统

（18）轴向活塞式压缩机可以称为第（　）代压缩机。

A．一　　　　　　B．二　　　　　　C．三　　　　　　D．四

（19）关于汽车空调中的蒸发器，下列描述不正确的是（　）。

A．蒸发器有管片式、管带式和层叠式三种

B．蒸发器可以安装在仪表板内或下方

C．蒸发器能够将气态制冷剂变为液态

D．层叠式蒸发器结构紧凑，散热效率高。

（20）对于汽车空调中的冷凝器，下列描述中正确的是（　）。

A．冷凝器不是一种热交换器　　　　B．冷凝器能将液态制冷剂变成气态

C．小轿车冷凝器多装在散热器前面　D．汽车上用的冷凝器是管片式结构

课题二　汽车空调制冷系统的维修

（21）蒸发器中制冷剂为（　　）。
　　A．高压气态　　B．高压液态　　C．低压液态　　D．低压气态
（22）由压缩机压出刚刚进入冷凝器中的制冷剂为（　　）。
　　A．高温高压气态　　　　　　　B．高温高压液态
　　C．中温高压液态　　　　　　　D．低压气态
（23）涡旋式压缩机可以称为第（　　）代压缩机。
　　A．一　　　　B．二　　　　C．三　　　　D．四
（24）汽车空调制冷系统的高压与低压的分界点是（　　）。
　　A．压缩机　　B．蒸发器　　C．膨胀阀　　D．冷凝器
（25）压力开关运作时，切断的电路是（　　），以防止制冷系统受到损坏。
　　A．鼓风机电路　　　　　　　　B．电磁离合器电路
　　C．温控器电路　　　　　　　　D．冷凝器风机电路
（26）低压开关安装在高压管路上，制冷系统正常工作时为闭合状态，当（　　）时为断开状态。
　　A．系统压力超高　　　　　　　B．系统压力波动
　　C．系统压力过低　　　　　　　D．系统制冷剂泄漏
（27）温度控制器开关起调节车内温度的作用，其控制的电路是（　　）。
　　A．鼓风机电路　　　　　　　　B．电磁离合器电路
　　C．混合温度门电路　　　　　　D．冷凝器风机电路
（28）波纹管式温度控制器开关的毛细管前感温包安装在（　　）。
　　A．车厢内　　　　　　　　　　B．蒸发器翅片内
　　C．冷凝器翅片内　　　　　　　D．车厢外
（29）制冷系统安装怠速提升的目的是：当开启空调且发动机处于怠速运行时，（　　）。
　　A．降低发动机怠速　　　　　　B．增大节气门开度，提高发动机转速
　　C．切断空调电磁离合器　　　　D．以上均可能
（30）加速控制装置在汽车行驶加速或超车加速时应（　　）。
　　A．稳定发动机怠速　　　　　　B．增大节气门开度，提高发动机转速
　　C．切断空调电磁离合器　　　　D．以上均可能
（31）蒸发器鼓风机电动机为一个直流电动机，其转速的改变是通过（　　）来实现的。
　　A．调整电动机电路的电阻值　　B．改变电动机的线圈匝数
　　C．改变电源的电压值　　　　　D．改变电动机的磁场强度
（32）下列空调系统模式中，（　　）可将车外环境空气不经空调作用而带入车内。
　　A．MAX　　　B．NORM　　　C．VENT　　　D．DEFROST
（33）甲说，车厢内的湿度是由调节冷却的空气与从加热器芯来的热空气来控制的；乙说，车厢内只需维持适当的温度，湿度无须调节。（　　）说得正确。

A. 甲正确 B. 乙正确
C. 两人均正确 D. 两人均不正确

（34）制冷系统如果制冷剂过多，则（　）。
A. 制冷量不变 B. 制冷量下降
C. 系统压力下降 D. 视液镜看到有气泡

（35）制冷系统如制冷剂加注不足，则（　）。
A. 视液镜看到有浑浊气泡
B. 视液镜看有连续不断的气流流动
C. 视液镜看到有连续不断、快速的气流流动
D. 视液镜处观察不到特殊现象

（36）制冷系统如出现"冰堵"现象，用压力表观察系统压力，则（　）。
A. 高压侧压力偏高，低压侧压力偏低
B. 高压侧、低压侧压力都偏低
C. 高压侧压力偏高，低压侧压力为真空值
D. 高压侧、低压侧压力都偏高

（37）制冷系统如混入空气，则（　）。
A. 系统压力过高，且高压表针来回摆 B. 制冷量不变
C. 视液镜看到有浑浊气泡 D. 系统压力明显降低

（38）如空调压缩机内部漏气，从压力表处可观察到（　）。
A. 高压侧压力太高 B. 低压侧压力太高
C. 高、低压侧压力都偏低 D. 以上均不对

三、判断题

（　）（1）根据饱和压力与饱和温度一一对应的关系，当蒸发器内制冷剂的压力降低时，蒸发器内制冷剂的温度也随着降低。
（　）（2）蒸发器内的制冷剂是液态的。
（　）（3）冷凝器热量需传递给进入车厢的空气。
（　）（4）蒸发器压力控制的制冷系统，空调压缩机是间歇工作的。
（　）（5）为了提高汽车的环保性能，可在原来的R12空调系统中改用R134a。
（　）（6）制冷剂加注量遵循宁多勿少的原则。
（　）（7）冷冻油的牌号是按油黏度确定的。
（　）（8）目前，汽车空调系统大多采用立式往复式压缩机和斜板式压缩机。
（　）（9）冷凝器的作用是将压缩机排出的高温高压制冷蒸气进行冷却，使其成为高压制冷剂液体。
（　）（10）汽车空调蒸发器的结构和冷凝器相似，由铝制芯管和散热片组成。
（　）（11）汽车空调蒸发器使液态制冷剂转变成气态制冷剂，是吸热过程。

课题二　汽车空调制冷系统的维修

（　）（12）安装冷凝器时，从压缩机来的制冷剂必须从冷凝器的下端进口进入。

（　）（13）高压开关安装在高压管路上，低压开关安装在低压管路上。

（　）（14）高压卸压阀安装在压缩机排气口处，当系统压力过高时，阀门打开，制冷剂溢出而卸压。

（　）（15）温度控制器开关起到调节车内温度、防止蒸发器因温度过低而结霜的作用。

（　）（16）热敏电阻式温度控制器，其热敏电阻具有负温度系数特征，即当温度升高时，其阻值上升。

（　）（17）制冷系统安装发动机怠速控制装置的目的是保证汽车的怠速性能。

（　）（18）若经过蒸发器的风量不够，一般使制冷效果变差，不会引起蒸发器冻结。

（　）（19）若冷凝器通风不良，散热效果差，空调制冷量将下降，严重时会引起管路爆裂。

（　）（20）当观察到储液干燥器上的视液镜有气泡时，说明制冷剂充足。

（　）（21）如果蒸发器表面的风量过少，可以导致蒸发器表面结霜。

课题三　汽车采暖与通风系统的维修

任务五　汽车采暖与通风系统的维修

【学习目标】

采暖系统也称暖风系统，在汽车空调系统中，采暖是重要的功能之一。汽车空调采暖系统常会出现暖风不足或不制暖等故障。汽车维修技师必须充分了解汽车采暖系统与通风系统的结构与工作原理，才能根据故障表现准确地进行故障诊断与排除。

本课程主要学习汽车采暖装置与通风装置的拆装及故障诊断。

【任务分析】

（1）能够正确描述汽车采暖系统的类型、各类型采暖系统的工作原理；
（2）能够正确描述汽车采暖系统各装置的结构与工作原理；
（3）能够正确描述汽车通风系统的类型及各类型通风系统的工作原理；
（4）能够正确描述汽车空气净化系统的功能及主要装置的工作原理；
（5）能够正确描述汽车空调气流配气方式及配气原理；
（6）能够正确描述汽车空调气流的组织形式；
（7）能够正确解释空调控制面板上的与采暖等通风相关的各种功能键的功能及基本原理；
（8）能够正确进行汽车采暖装置与通风装置的拆装；
（9）能够正确进行汽车采暖系统与通风系统的检修及故障诊断；
（10）能够注意培养良好的安全、环保、卫生习惯与团队协作的职业素养。
（11）能够注重培养劳动光荣的思想价值观。

【相关知识学习】

一、汽车采暖系统

1. 汽车采暖系统的作用

1）冬季取暖

在寒冷的冬季，汽车采暖系统可将车内空气或送入车内的外部新鲜空气加热，以提高车内空气温度。

2）调节车内温度与湿度

现代汽车空调系统的空调器已采用冷暖一体化的形式，利用空调制冷系统和采暖系统，通过冷、热风的调和，可对车内的温度与湿度进行调节，以提高车内的舒适性。

3）风窗玻璃除霜

在冬季或春季，由于车内、外温差较大，风窗玻璃会起雾和结霜，影响驾驶人的视线，不利于行车安全。这时，可通过采暖系统吹出热风来除霜、除雾。

将新鲜空气送进车内，取代污浊空气的过程，称为通风。通风的目的是使车内空气符合一定的卫生标准，以保证驾乘人员的健康和舒适。通风还可起到调节车内温度的作用。

2. 采暖系统的类型

按热源不同，常见的汽车采暖系统可分为两种类型：余热式采暖系统与独立式采暖系统。

余热式采暖系统是利用发动机冷却水对车内空气进行加热的。汽车的车内空间小，取暖需要的热量也少，所以一般都装有余热水暖式采暖系统。该系统的优点是设备简单、使用安全、运行经济，缺点是热量小，且采暖受发动机工况的影响。

独立式采暖系统是利用独立的热源对车内空气或送入车内的外部新鲜空气进行加热的。独立热源通常是燃烧汽油、柴油或煤油等燃料的燃烧器。独立式采暖系统也可分水暖和气暖两种。大型客车常常采用独立式采暖系统。独立式采暖装置的特点是采暖不受发动机工况影响，发动机不工作时也可对车内供热。独立式采暖装置通常利用空气或水作为传热介质，因此，其主要类型有空气加热采暖系统和水加热采暖系统。

3. 采暖系统的工作原理与结构

1）余热水暖式采暖系统

（1）工作原理。余热水暖式采暖系统的工作原理如图3-1所示。发动机冷却水温达到80 ℃时，冷却系统中的节温器主阀门开启，使冷却水进行大循环。节温器和加热器之间装有一个热水阀，需要采暖时，打开此热水阀。从发动机水套出来的热水流经节温器主阀门后，一部分流到采暖系统的加热器，另一部分流到散热器散热。进入加热器内的热水向加热器周围空气传热，在鼓风机作用下，车内或外部进入的新鲜空气经过加热器后，冷空气变成了热空气，热空气经通风管道的不同出风口被送入车内。从加热器流出的冷却水，由水泵吸入发动机的水套内，完成一次供暖循环。

任务五　汽车采暖与通风系统的维修

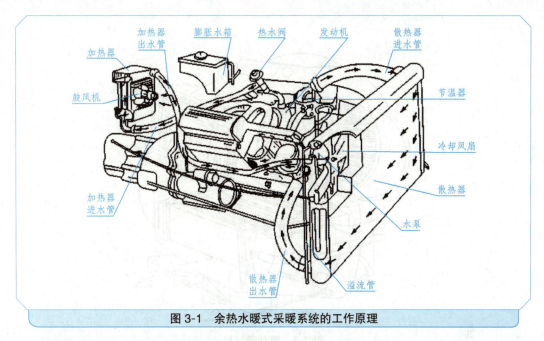

图 3-1　余热水暖式采暖系统的工作原理

常见汽车余热水暖式采暖系统通风管道风门布置如图 3-2 所示。通过调整风门，可使暖风口吹入车内的热空气吹向人体足部或胸部，以保证驾驶人和乘客感觉舒适。除霜风门向风窗玻璃吹送热空气，以防止风窗玻璃结霜或结雾。

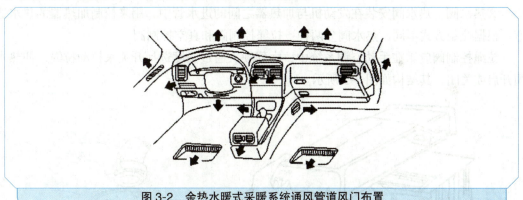

图 3-2　余热水暖式采暖系统通风管道风门布置

（2）采暖系统的主要部件。

①暖风机总成。采暖系统的主要部件是加热器和鼓风机，两者组合成一体称为暖风机总成。余热水暖式采暖系统中装用的暖风机分两种：单独暖风机和整体空调器。

单独暖风机主要由加热器、鼓风机和外壳等组成，如图 3-3 所示。加热器的构造与蒸发器类似，也分管翅式和管带式两种，使用的材料有铜质和铝质。采暖系统工作时，冷却水自下而上流过加热器，这样可防止空气或蒸气存留在加热器内产生"气阻"。鼓风机实际就是一个风扇，它由电动机驱动。

159

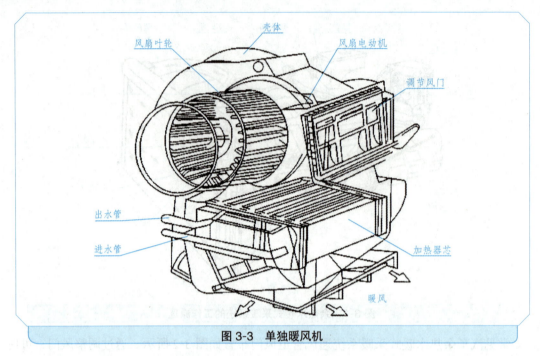

图 3-3 单独暖风机

整体空调器是将采暖系统加热器与制冷系统蒸发器装在一个壳体内,共用一台鼓风机,两者用阀门隔开,如图 3-4 所示。

②热水阀。热水阀安装在发动机与加热器之间的进水管中,用来控制加热器的热水通道。根据控制方式不同,热水阀分两种:拉绳控制阀和真空控制阀。

拉绳控制阀应用在手动空调系统中,由驾驶人通过温度选择开关来拉动拉绳,使热水阀开启或关闭,其结构如图 3-5 所示。

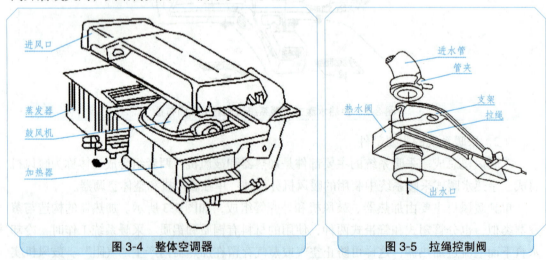

图 3-4 整体空调器　　　　　图 3-5 拉绳控制阀

真空控制阀可用在自动空调系统中,也可用在手动空调系统中。真空控制阀主要由真空驱动器、活塞和阀体组成,其具体结构如图 3-6 所示。真空驱动器的膜片左侧气室通大气,右侧气室为真空室,真空室装有膜片回位弹簧;需采暖时,将真空引至膜片右侧气室,在

任务五 汽车采暖与通风系统的维修

压差作用下,膜片克服弹簧力并带动活塞向右移动,热水阀开启;停止采暖时,释放膜片右侧气室真空,在回位弹簧作用下,膜片和活塞回位,热水阀关闭。真空源可由发动机进气管或真空罐提供。

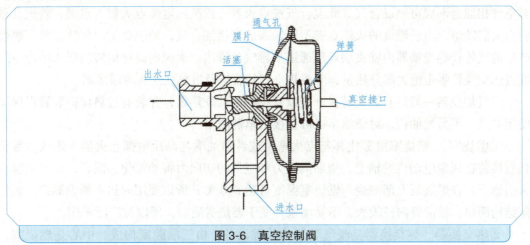

图 3-6 真空控制阀

2)独立式采暖系统

(1)独立式空气加热采暖系统。独立式空气加热采暖系统通过空气加热器燃烧燃料,燃烧产生的高温气体通过热交换器,将冷空气加热后直接通过管路送到车厢内各风口供暖或出霜。其关键部件是空气加热器,图 3-7 是独立式空气加热器的结构示意图。

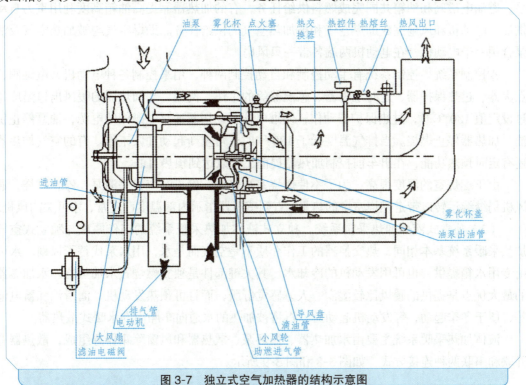

图 3-7 独立式空气加热器的结构示意图

161

这种空气加热器由燃烧室、热交换器、供给系统、控制系统四部分组成。当加热器中直流电动机接通电源后，带动大风扇、油泵、雾化杯、小风轮高速旋转。燃烧用油从油箱吸出，经过滤油电磁阀、油管进入雾化杯被甩成雾状，与小风轮通过助燃风进口吸入的新鲜空气相混合形成可燃混合气。此混合气被点火塞（或高压电弧点火器）点燃，着火几秒后点火器断电，由已燃烧的火焰点燃不断输入的可燃混合气，使燃烧工况保持正常。燃烧产生的气体经热交换器内壁夹层环形通道从排气口排出。大风扇高速旋转所吸入的冷空气通过热交换器吸走绝大部分热量，变成热空气经管道及散热孔送入取暖区域。

空气加热器一般设有热量转换开关以获得不同的发热量，并装有过热保护装置以保证使用安全。可另配油箱，对柴油车也可直接用车辆油箱。

①燃烧室。燃烧室由雾化杯与点火塞（或者喷油嘴与高压电弧点火器）组成，雾化杯直接装在风扇电动机的轴上，依靠离心力和空气的切向力将油雾化、混合，在点火塞点火引燃下，在燃烧器上部燃烧。燃烧室温度可达 800 ℃，所以要用耐热不锈钢制造。燃烧室结构简单，输油管内径较大，不易堵塞，便于燃烧劣质油，所以被广泛采用。

②热交换器。热交换器是暖气装置的关键设备，由三层腔室构成。中心是燃烧室，包围燃烧室的第一层空腔通过要被加热的空气；在第一层空腔外的第二层空腔通过燃烧气体，然后引到排气腔；最外面的第三层空腔也通过要被加热的空气。燃烧热量通过金属隔板加热空气，加热后的空气先集中至暖气室，然后送到车内。

③供给系统。供给系统是用来供给燃料、助燃空气和被加热空气的。油泵电动机、油泵、燃油电磁阀和油箱共同完成燃料供给任务，有的加热器靠提高油箱高度利用重力自动供油。电动机和风扇完成助燃空气和被加热空气的供给任务。助燃空气与被加热空气及油泵合用一个电动机，在电动机两端各带一只风扇。

④控制系统。控制系统有手动控制和自动控制两种，用来控制各种电动机、电磁阀、点火器、过热保护器、定时继电器、感温器等的工作。例如，当加热器的暖风出口温度超过设定值 180 ℃时，过热保护器动作，使继电器自动切断油泵电磁阀的电源，油泵停止供油，加热器停止燃烧。当排气温度低于 180 ℃时，可重新起动油泵工作。有的空气加热器还有定时预热功能，在出车前控制加热器提前工作以达到预热目的。

由于燃烧室的温度很高，为了不使燃烧室被烧坏，停机时应先关油泵，停止燃烧，通风机仍继续运转以带走燃烧室中的热量，直到感温器指示内部温度已正常，才可关闭风机。

（2）独立式液体加热采暖系统。独立式液体加热采暖系统的工作原理与独立式空气加热采暖系统基本相同，热交换器的工作介质不是空气而是水，用水泵代替了风扇。水可由专用水箱提供，也可用发动机的冷却水。其关键部件是独立燃烧式水加热器。水加热器的最大优点是提供的暖风比较湿润，人体感觉舒服，而且可预热发动机、润滑油和蓄电池等，便于冬季起动，等发动机起动后，再将被加热的水通向车厢内的水暖式散热器。

液体加热采暖系统主要由水加热器、循环泵、散热器和风窗除霜器等组成，散热器有并联和串联两种连接方式，如图 3-8 和图 3-9 所示。

任务五 汽车采暖与通风系统的维修

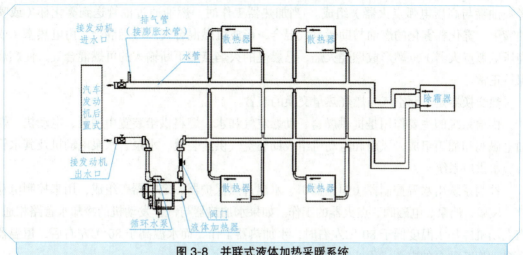

图 3-8 并联式液体加热采暖系统

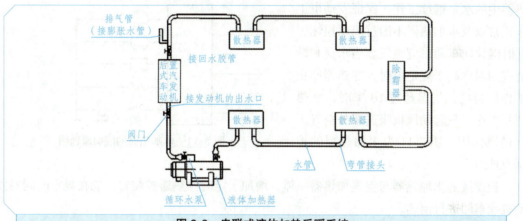

图 3-9 串联式液体加热采暖系统

①水加热器。水加热器的结构与空气加热器相近,其加热工质不是空气而是水,用水泵代替了风扇。加热器的基本结构由燃烧室、热交换器、供给系统和控制系统组成,图 3-10 是液体加热器的结构示意图。

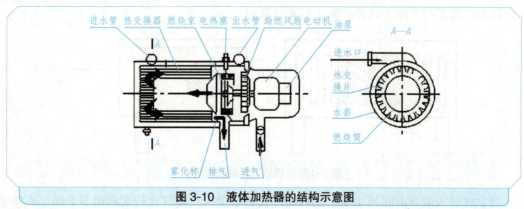

图 3-10 液体加热器的结构示意图

燃烧室是燃料进行燃烧产生热量的装置,与空气加热器相同,由雾化杯与电热塞(或者喷油嘴与高压电弧点火器）组成。当加热器工作时，燃油通过油管送到雾化杯（或喷油嘴）。雾化杯雾化的燃油与助燃空气混合，形成可燃混合气。可燃混合气由电热塞（或高压电弧点火器）点燃形成燃烧火焰，已燃烧的火焰点燃不断输入的可燃混合气，使燃烧保持正常。

热交换器是车厢空气与燃烧热量交换的装置。

供给系统的主要作用是提供燃料、助燃空气和水。燃料供给装置由油泵、电动机、燃油电磁阀和油箱组成，风扇和电动机组成助燃空气供给装置，水泵、水泵电动机及其水管组成水供应系统。

控制系统由水温控制器（恒温器）、水温过热保护器、定时器等组成，用来控制电动机、风扇、油泵、电磁阀、点火器的工作。如果水加热器与汽车发动机的冷却水管路相通，当发动机冷却水温度低于 80 ℃左右时，水加热器工作，而水温高于 80 ℃左右后，恒温器会自动切断油泵的电源，停止供油，加热器中的水泵继续工作，保证发动机工作正常以及水加热器不因过热而损坏，同时继续向车厢供应暖气。当水温和燃烧室的温度高于规定值时，加热器停止工作；当夏天气温超过 10 ℃时，加热器不工作，只起动风机吸进车外空气，起通风作用。图 3-11 为水加热器的控制原理图。

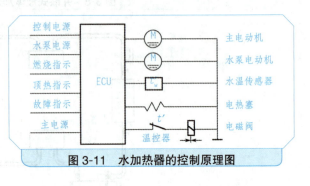

图 3-11　水加热器的控制原理图

新发展的水加热器与空气加热器一样，增加了定时预热遥控装置，能在规定时间对发动机或车厢进行预热。

②散热器和风窗除霜器。散热器用于向车厢内提供热空气，分为强制式散热器（散热器加鼓风机）和自然散热器。强制式散热器的结构如图 3-12 所示。水散热器一般是管带式或管片式结构，管子内部流入已加热的热水，而管外则流过待加热的通往车厢内的空气，管外的铝带或铝翅片是为了增加其散热能力。

风窗除霜器用于除去风窗玻璃上的雾气和霜。

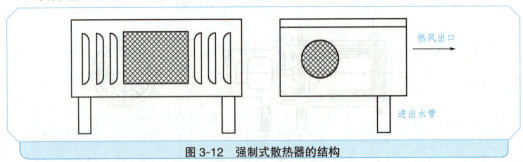

图 3-12　强制式散热器的结构

独立式暖风装置的暖风主要采用内循环式，灰尘少，暖气比较柔和而不干燥，人体感觉较舒适，不像空气加热器那样高温干热。水加热器还可预热发动机、润滑油和蓄电池等。为了避免寒冷时水加热器被冻坏，应该使用防冻液。

二、汽车通风系统

汽车空调的通风方式有动压通风和强制通风两种。

1. 动压通风

动压通风也称自然通风，它以汽车行驶时空气对车身表面所产生的压力为动力，按照车身表面的压力分布规律，在车上适当的地方开设进风口和排风口，以实现车内的自然通风。

进风口应设置在汽车前部的正压区，并且尽可能要离地面高一些，以免汽车行驶时扬起的尘土进入车内；排风口应设置在汽车车厢后部的负压区。

汽车通风时的空气流动如图3-13所示，进风口设置在车前风窗玻璃的下部，而且在进风口处还设有进气阀门和内循环空气阀门，用来控制新鲜空气的流量。一般情况下，在空调刚起动时，车内外温差较大，此时，应该关闭外循环气道，以内循环方式工作，这样可以尽快地降低车内温度。

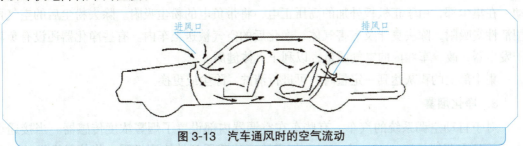

图3-13 汽车通风时的空气流动

2. 强制通风

强制通风是利用鼓风机强制将车外部新鲜空气送入车内进行通风换气的。在汽车的通风系统中，由于空调器采用冷暖一体化的配气方式，蒸发器与加热器联合工作，因此，强制通风时，可对车内的温度、湿度及空气净化进行综合调节，使车内更舒适。

三、汽车空气净化系统

空气净化主要是除去空气中的悬浮尘埃及车内烟雾。此外，在某些高级豪华汽车空调中还设有除臭和空气负离子发生装置。

汽车在公路上行驶，悬浮粉尘是其最大的污染。根据粉尘特性的不同，除尘净化可采取过滤除尘和静电除尘两种形式。

1. 过滤除尘

过滤除尘主要采用由无纺布、过滤纤维等组成的干式纤维滤清器对空气进行除尘。对于较大的尘埃，由于其惯性作用，来不及随气流转弯而碰在纤维孔壁上；对于微小颗粒，在围绕纵横交错的纤维表面运动时，与纤维摩擦产生静电作用，被纤维吸附在其表面。

汽车空调中，一般选用直径约为 10 μm 的中孔聚氨酯泡沫塑料、化纤无纺布和各种人造纤维作为滤清器。

2. 静电除尘

静电除尘是指利用高压电极产生高压电场，对空气进行电离，使尘粒带电，然后在电场作用下产生定向运动，沉降在正负电极上，从而实现对空气的除尘。

静电式净化器主要由电离部、集尘部、活性炭吸附器三部分组成，其具体结构如图 3-14 所示。电离部和集尘部可做成一体，也可分开，是静电式净化器的主要组成部分，总称为电滤清器。电滤清器和负离子发生器由高压发生器供给高压电。在电离部的电极之间施加高达 5 kV 的高电压，使粉尘电离并带上负电，带负电的粉尘在电场力作用下，向由正极板构成的集尘部移动。在集尘部，由于正极板外加的高压正电，将带负电的粉尘吸附。除去粉尘后的空气再用活性炭吸附，除去臭味及有害气体，净化后的空气被送至车内。有些净化器还设有负离子发生器，改善车厢内的空气质量，以利于人体健康。

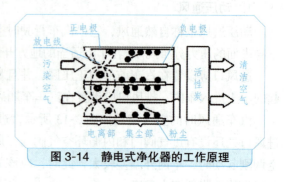

图 3-14 静电式净化器的工作原理

集尘部上的积灰达到一定量时，可进行清洗、除尘或更换。

3. 净化烟雾

对于自动空调系统的汽车，有些车在空调器内部设置了烟雾浓度传感器。当接通点火开关且空调器处于 AUTO 方式时，烟雾浓度传感器开始检测烟雾，将信号发送给空调 ECU，空调 ECU 使送风机在有烟雾时自动低速运转，没有烟雾时自动停止，总能保持车内空气清新。

烟雾浓度传感器的结构及工作原理如图 3-15 所示，由发光元件、光敏元件及信号处理电路等部分组成，通过细缝的空气可以自由地流动，发光元件间歇地发出红外线，在没有烟雾的情况下，红外线射不到光敏元件上，电路不工作，但当烟雾等进入传感器内部时，烟雾粒子对间歇的红外光进行漫反射，就有红外光射到光敏元件上，这时空调 ECU 判断出车内有烟雾，就会使鼓风机旋转。

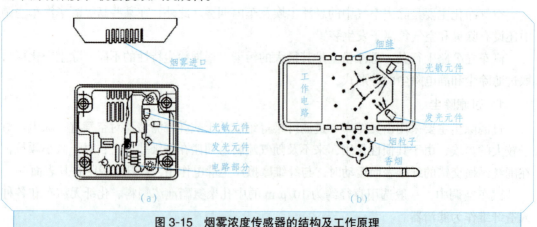

图 3-15 烟雾浓度传感器的结构及工作原理
（a）结构；（b）工作原理

四、汽车空调的配气方式

汽车空调系统不仅能将新鲜空气引入车厢内，而且能将冷气、热风及新鲜空气有机地进行混合调节，形成冷暖适宜的气流并吹入车厢。配气系统常见的配气方式有以下几种。

1. 空气混合式

空气混合式空调器的工作原理如图 3-16 所示。空气经过蒸发器后变为冷空气，而冷空气经过加热器后又变为热气，最后由出风口吹出的空气由冷空气和热空气混合而成。风门的作用是将经过蒸发器的冷空气分成两部分，一部分冷空气经过加热器后变为热空气；另一部分冷空气没经过加热器，仍为冷空气。改变风门的位置可以改变冷空气与热空气的比例，即通过改变风门的位置来调节车内空气的温度。图 3-16 所示为所有的冷气都经过加热器，此时，空调器吹出的空气是最热空气。随着风门顺时针转动，经过加热器的冷空气将逐渐减少，即热空气越来越少，吹向车内的混合气体的温度逐渐降低。

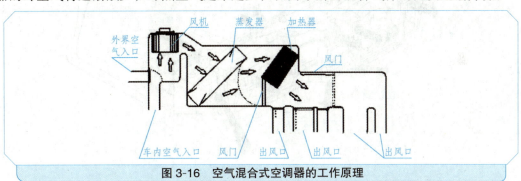

图 3-16 空气混合式空调器的工作原理

空调器的工作过程如下：外界空气 + 车内空气→进风风机→进入蒸发器进行除湿降温→由风门调节进入加热器的冷气量→经加热器的冷气和没经加热器的冷气混合→从出风口吹入车厢。

2. 全热式（再热式）

全热式空调器的工作原理如图 3-17 所示。

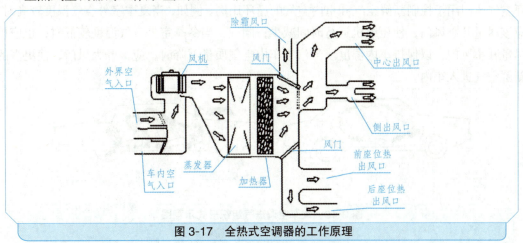

图 3-17 全热式空调器的工作原理

空调器的工作过程如下：外界空气＋车内空气→进风风机→进入蒸发器进行除湿降温→全部进入加热器→从出风口吹入车厢。

在夏季时，可单独使用蒸发器进行降温，冬季可单独使用加热器进行采暖，春秋雨季时，蒸发器与加热器同时使用，可除湿加热。

▶ 五、汽车空调的气流组织形式

汽车空调的气流组织过程分三个阶段：空气进气阶段、空气混合阶段及空气分配阶段。其形式如图3-18所示。

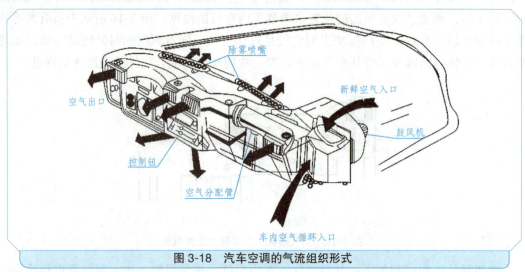

图3-18 汽车空调的气流组织形式

1. 空气进气阶段

汽车空调工作时，空气进入阶段气流的组织形式有两种：一种是外界新鲜空气进入空调器进行空气调节工作，称为外循环；另一种是车内空气进入空调器进行空气调节工作，称为内循环，如图3-19所示。进气形式的选择由新鲜/再循环空气风门控制，新鲜/再循环空气风门用于控制新鲜空气和室内空气的循环比例。例如，当夏季室外空气温度较高时，应该尽量开小风门，使压缩机运行时间减少；同理，当冬季室外空气温度较低时，也应该尽量开小风门，以保持车内温度。当汽车车内空气质量下降时，应该开大风门，使更多的新鲜空气进入车内。

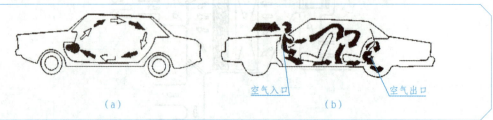

图3-19 汽车空调进气组织形式示意图
（a）内循环 （b）外循环

任务五　汽车采暖与通风系统的维修

2. 空气混合阶段

汽车空调工作时,空气混合阶段主要是由混合风门来控制空调器的工作温度的,混合风门通过调节冷空气与热空气的比例来控制空调器出口空气的温度,进而控制车内温度。当混合风门处于全开状态时,冷空气全部经过加热器,空调器出口为热空气,此时空调器为车内进行采暖;当混合风门处于关闭位置状态时,冷空气不经过加热器,空调器出口空气温度最低,此时空调器为最大制冷状态。这样只要混合风门处于全开或全闭之间的不同位置,就能得到不同温度和湿度的空气。

3. 空气分配阶段

如图 3-20 所示,空气分配阶段可通过控制不同的风门,使空气吹向面部、脚部及前风窗玻璃。

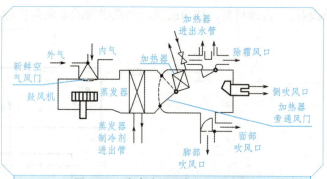

图 3-20　汽车空调进气组织原理图

六、汽车采暖与通风操纵系统

手动空调操纵系统通过驾驶人操纵控制面板上的各种功能键来实现对车内温度、风向和风速等的调节。在手动空调操纵控制系统中,暖风水阀及空气分配门控制方式分为两种类型:一种是由仪表板上的旋钮通过拉线控制,另一种是由仪表板上的旋钮通过真空阀控制。

空调控制面板安装在驾驶室中控台上,如图 3-21 所示,空调控制面板上主要设有三个控制开关,分别为鼓风机开关、方式选择开关和温度选择开关。

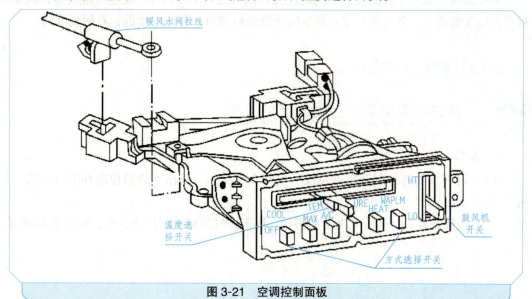

图 3-21　空调控制面板

169

1）鼓风机开关

鼓风机开关通过控制调速电阻来控制转速，鼓风机电路如图3-22所示。电动机通常为永磁式单速电动机。鼓风电动机的工作原理：当鼓风电动机开关置于低速（LOW）、中速1（MED1）、中速2（MED2）或高速（HIGH）挡时，电路中所串联的电阻值越来越小。电阻值的变化，改变了鼓风电动机的工作电压。由于电动机是单速电动机，工作电压越高，转速越高，故与鼓风电动机串接的电阻阻值越小，其工作电压越高，转速越高。

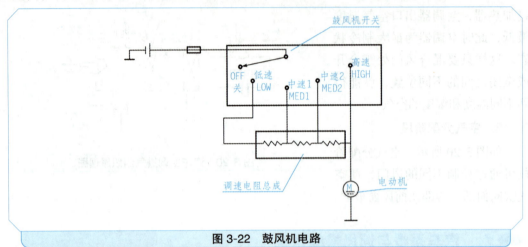

图3-22 鼓风机电路

2）方式选择开关

方式选择开关用于确定空调系统的功能，即要求空调是制冷、取暖、通风，还是除霜。驾驶人拨动开关即可选择空调系统的功能，开关通常设有停止位置（OFF）、最冷位置（MAX）、中冷位置（NORM）、微冷位置（BILEV）、取暖位置（HEAT）、通风位置（VENT）和除霜位置。

3）温度选择开关

温度选择开关用来控制暖风水阀的位置，调节送入车内的冷、暖空气混合量，以实现对车内温度的调节。开关可在左右两半区无级连续调节，左侧温度低，右侧温度高。

【技能学习与考核】

一、加热器及鼓风机控制总成的拆装

1. 拆卸

（1）打开加热器控制和附件总成。松开六个锁扣，拉出加热器控制和附件总成，如图3-23所示。

（2）用螺钉旋具打开拉索夹箍的锁扣，拆下进气风窗控制拉索总成，如图3-24所示。

任务五 汽车采暖与通风系统的维修

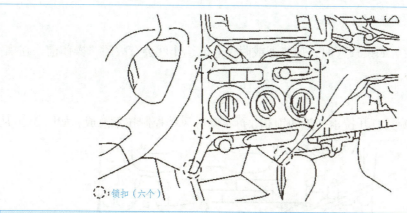

图 3-23 松开六个锁扣

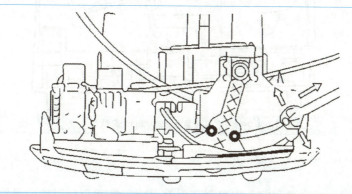

图 3-24 拆进气风窗控制拉索总成

注 意：

勿扭弯拉索。如拉索弯曲，加热器或附件总成工作就会有故障。操作前，在螺钉旋具头部缠上绞带。

（3）用螺钉旋具打开拉索夹箍的锁扣，拆下空气混合挡控制拉索总成，如图 3-25 所示。

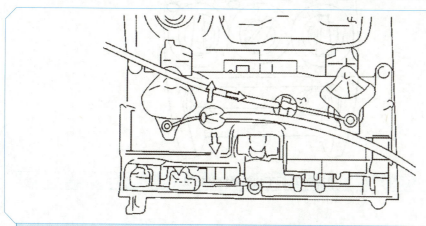

图 3-25 拆下空气混合挡控制拉索总成

171

课题三 汽车采暖与通风系统的维修

注 意：

勿扭弯拉索。如拉索弯曲，加热器或附件总成工作就会有故障。操作前，在螺钉旋具头部缠上绞带。

（4）用螺钉旋具打开拉索夹箍的锁扣，拆下除雾风挡控制拉索总成，如图 3-26 所示。

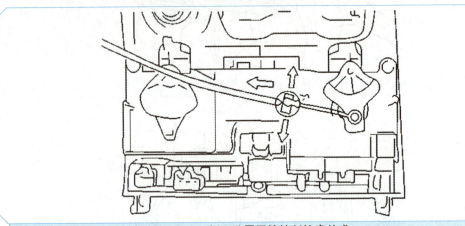

图 3-26　拆下除雾风挡控制拉索总成

注 意：

勿扭弯拉索。如拉索弯曲，加热器或附件总成工作就会有故障。操作前，在螺钉旋具头部缠上绞带。

（5）断开所有插接器，拆下加热器控制和附件总成。

①拆下三个加热器控制旋钮，如图 3-27 所示。

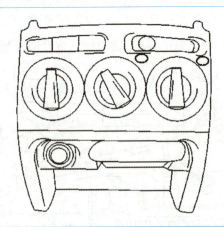

图 3-27　拆下加热器控制旋钮

②拆下两个螺钉，拆下中下部仪表控制面板总成，如图3-28所示。

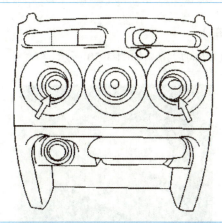

图3-28　拆下中下部仪表控制面板总成

③松开固定锁扣，拆下进气风挡控制杆，如图3-29所示。

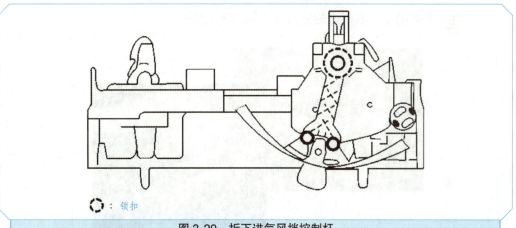

图3-29　拆下进气风挡控制杆

④拆下加热器或鼓风口控制总成。

2. 安装

按拆卸相反的顺序安装，同时注意以下事项：

（1）　勿扭弯拉索。如拉索弯曲，加热器或附件总成就会出现故障。

（2）　操作加热器控制旋钮，检查控制杆在内循环和外循环位置都能停下，确认无回弹。

（3）　从加热器和附件总成拉动拉索，检查外拉索应不能拉动。

二、空调滤芯的更换

1. 拆卸（马自达2轿车）

（1）打开手套箱，小心地向后拉，如图3-30所示。

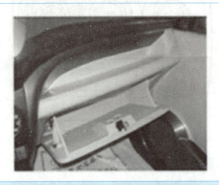

图3-30　向后拉手套箱

（2）拆下手套箱左、右两边的分离器，如图3-31所示。

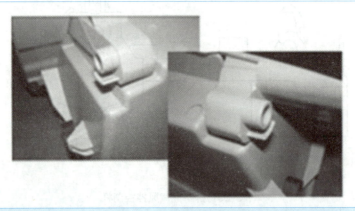

图3-31　拆下手套箱分离器

（3）取出手套箱，这时就可以看到空调滤芯的安装位置了，如图3-32所示。

（4）按图3-33箭头所示，将空调滤芯总成从鼓风机单元上拆下。空调滤芯总成包括空调滤芯支架及空调滤芯。

图3-32　取出手套箱

图3-33　拆空调滤芯总成

（5）将空调滤芯从壳体支架上拆下，并更换滤清器，如图 3-34 所示。

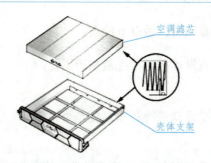

图 3-34　从壳体支架上拆下空调滤芯

2. 安装

按照与拆卸相反的顺序安装滤清器，确保鼓风机单元不漏气。

> **注　意：**
> 空调滤芯有一个箭头标志，表示正确的安装方向，有的是朝下，有的是朝上，由用于吸附杂质的表面来决定。

空调滤清器在使用时，要注意以下事项：

（1）汽车空调滤清器在使用时，都无法避免细菌、霉菌生长，空调只要一开始制冷，就会产生水蒸气，这些冷凝水与空气中的灰尘、杂物一起附着在蒸发器表面，这个潮湿阴暗的角落便会滋生大量的细菌、真菌、霉菌、螨虫和杆菌，会随着空调吹出的风污染整个车内空气。由于很少有人开着空调时打开车窗，相比居室环境更狭小、更密闭的车内空间，这种空气污染对人体危害更大，会引起头痛、发热、突发性喉咙痛、扁桃体感染、哮喘、皮炎以及其他过敏性不良反应，严重时甚至引起中毒，危及行车安全。

（2）有些人使用空调清新剂或香水来掩盖汽车空调气味，不但无益反而有害。解决汽车空调污染的方法有很多，可以更换汽车空调滤清器，这是最简单的办法；最好更换滤芯，用专业的空调风道、车厢一体化环保产品消毒清洗最佳。一般驾驶人都是开内循环，如果清洗空调风道后开启空调，车厢有异味，则同样会吹出带细菌的气体。

汽车空调滤芯应定期清洁和更换，如经常在干净的铺砌路上行驶，应每 1 万 km 清洁一次；如果在灰尘较多的尘封路上行驶，应每行驶 2 500 km 或按实际情况及时清洁；每 4 万 km 更换一次，尘土过多时应缩短周期。

三、采暖系统故障检修

当采暖系统不热或没有暖风时,做以下检查:

（1）检查发动机的冷冻液是否不足。

（2）观察发动机冷却水温度是否正常。

（3）若发动机冷却水温度正常,将空调控制面板上的温度开关打到最热位置,用手摸发动机后部暖风小水箱进水管上的暖风开关两端,若两端温差很大,说明暖风开关坏,需要更换暖风开关。

（4）若暖风开关正常,用手摸发动机后部暖风小水箱进水管和出水管,如果出水管温度很低,说明小水箱堵,需要维修。

（5）若风机转速低或风机不转,需检查风机、风机调速器及检修风机电路。

（6）若某个出风口没有暖风,检查该出风口的电动机或风门。

四、采暖与通风系统故障诊断案例

（1）症状。车辆打开暖风时,暖风不热。

（2）诊断过程。打开暖风时,暖风不热。经检查,发现送风量小。当接通暖风电动机的高速开关时,电动机转动,而将开关置于低转速挡时,电动机不转,说明电动机、熔断器等是好的,于是将控制开关旋至低速挡,用导线将控制开关的低速挡控制引线搭铁,观察电动机发现电动机不运转,于是怀疑暖风机电阻器损坏或引线断路。当用万用表测量时,电阻值为 20 Ω,正常电阻器的阻值应为 1.5 Ω,说明电阻器烧断。

（3）修复。拆换电阻器后试车,故障排除。

（4）分析。由于该车在以前维修过电动机,怀疑是维修人员不小心弄坏了电阻器。

五、技能考核

（1）教师为每组学生准备好汽车（带电控自动空调）及其相关技术资料和必要的工具。

（2）小组学生在查阅技术资料的基础上完成汽车空调采暖装置与通风装置的拆装、

任务五 汽车采暖与通风系统的维修

检查与故障诊断工作,并完成表 3-1 所示的技能学习工作单。

(3)教师观察学生学习过程,最后审阅学生完成的工作单,给出评价。

表 3-1　技能学习工作单

实训项目：　汽车采暖与通风系统故障诊断　

班级学号		姓　名	

1. 你所查阅的技术资料有：
_____
_____。

2. 请描述观察的汽车相关信息。
(1)生产厂家：_____。
(2)汽车型号：_____。
(3)汽车的类型：_____。
(4)与空调系统相关的技术参数：_____。

3. 空调采暖与通风装置的拆装。
(1)在拆卸加热器及鼓风机控制总成时,共需拆卸_____个拉索,这些拉索分别是：

(2)在拆卸加热器及鼓风机控制总成时,共需拆卸_____个旋钮,这些旋钮分别是：

(3)在安装加热器及鼓风机控制总成时,需注意的事项是：

4. 更换空调滤芯
(1)为更换空调滤芯,你需要拆卸的第一个零件是_____。
(2)安装空调滤芯时,空调滤芯有一个箭头标志是□朝上　□朝下。这样安装的理由是_____
_____。
(3)对于常在市区内行驶的车辆,最好_____km 更换空调滤芯。

5. 采暖与通风系统故障诊断。
(1)描述车辆空调采暖与通风系统存在的故障现象：_____。
(2)根据这一故障现象,你判断故障可能发生的部位是_____。
(3)请描述你所做的诊断过程：_____
_____。
(4)最终查明的故障原因是_____。
(5)根据这一故障原因,你所采用的维修方法是_____。
(6)故障是否排除？□是　□否。
如果故障没有排除,请记录你接下来的操作：_____
_____。

6. 自我评价（个人技能掌握程度）：□非常熟练　□比较熟练　□一般熟练　□不熟练

教师评语：（包括工作单填写情况、查阅资料能力、观察的方法、小组协作情况等,并按等级制给出成绩）

实训记录成绩_____　　　教师签字：_____　　_____年____月____日

177

课题三 汽车采暖与通风系统的维修

 学习检验

一、简答题

（1）为什么轿车多数采用余热式采暖系统？

（2）说明汽车采暖系统的类型及各类型采暖系统的特点。

（3）为什么大客车适合采用独立式液体加热采暖系统？

（4）当采暖系统不热或没有暖风时，需要检查哪些部位？

二、单项选择题

（1）下列选项中，（　　）是属于按暖气设备使用热源分类的。

　　A．余热式、独立式　　　　　　　B．内循环式、外循环式

　　C．内外混合循环式　　　　　　　D．水暖式、气暖式

（2）汽车空调的通风方法有（　　）。

　　A．强制通风　　　　　　　　　　B．自然通风

　　C．顶面通风　　　　　　　　　　D．A、B都是

（3）下列选项中，（　　）不是汽车空调配气系统的主要组成部分。

　　A．空气进气阶段　　　　　　　　B．空气混合阶段

　　C．空气分配阶段　　　　　　　　D．空气加热阶段

（4）在手动式空调系统中，能够控制热水阀的装置是（　　）。

　　A．温度选择开关　　　　　　　　B．循环模式选择开关

　　C．除雾开关　　　　　　　　　　D．风量调节开关

（5）下列选项中，（　　）不是独立热源水暖式空调控制系统的组成元件。

　　A．水温控制器　　　　　　　　　B．水温过热保护器

　　C．油温控制器　　　　　　　　　D．定时器

（6）对于独立热源水暖式空调系统，当发动机水温高于（　　）℃时，加热器不工作。

　　A．50　　　　B．60　　　　C．70　　　　D．80

（7）对于独立热源水暖式空调系统，当环境温度高于（　　）℃时，加热器不工作。

　　A．10　　　　B．20　　　　C．30　　　　D．40

（8）如果在灰尘较多的尘土路上行驶，应每行驶（　　）km或按实际情况及时清洁空调滤芯。

　　A．2 000　　　B．2 500　　　C．3 000　　　D．3 500

三、判断题

（　　）（1）余热水暖式空调系统利用发动机废气余热作为热源。

（　　）（2）汽车空调按暖气设备所使用的热源可分为余热式和独立热源式。

（　　）（3）余热气暖式空调系统利用发动机废气余热作为热源。

(　　)(4)混合气的出风模式有通风、通风+足部通风、足部通风、足部通风+除霜、除霜。

(　　)(5)混合气调节风门用于控制混合气的出风模式。

(　　)(6)对于独立热源式采暖系统,当需停机时,应先关风机,后关闭油泵。

附录　学习检验部分试题参考答案

课题一　汽车空调总体认识

二、单项选择题

（1）B　（2）A　（3）D　（4）B　（5）B　（6）A　（7）D　（8）C

三、判断题

（1）×　（2）×　（3）√　（4）×　（5）×

课题二　汽车空调制冷系统的维修

二、单项选择题

（1）B　（2）B　（3）A　（4）A　（5）C　（6）D　（7）A　（8）D
（9）D　（10）C　（11）D　（12）A　（13）B　（14）B　（15）C　（16）A
（17）D　（18）B　（19）C　（20）C　（21）D　（22）A　（23）D　（24）C
（25）B　（26）C　（27）B　（28）B　（29）B　（30）C　（31）A　（32）C
（33）A　（34）B　（35）C　（36）A　（37）A　（38）B

三、判断题

（1）√　（2）×　（3）×　（4）×　（5）×　（6）×　（7）√　（8）√
（9）√　（10）√　（11）√　（12）×　（13）×　（14）√　（15）√　（16）×
（17）√　（18）×　（19）√　（20）×　（21）√

课题三　汽车空调采暖与通风系统的维修

二、单项选择题

（1）A　（2）D　（3）D　（4）A　（5）C　（6）D　（7）A　（8）B

三、判断题

（1）×　（2）√　（3）√　（4）√　（5）×　（6）×

参 考 文 献

[1] 梁永浩,王玉凤. 汽车空调构造与维修[M]. 武汉:华中科技大学出版社. 2017.
[2] 张蕾. 汽车空调[M]. 北京:机械工业出版社,2015.
[3] 王金华. 汽车空调检修[M]. 北京:高等教育出版社. 2015.
[4] 姜继文. 汽车空调结构与检修[M]. 合肥:中国科学技术大学出版社. 2015.
[5] 孙边伟,李俊玲,刘世明. 汽车空调维修技术[M]. 北京:北京理工大学出版社. 2015
[6] 龚文资,陈振斌. 汽车空调[M]. 北京:化学工业出版社. 2016.
[7] 吴友生,王健. 汽车空调与系统[M]. 北京:机械工业出版社,2016.
[8] 孟范辉. 汽车空调系统检修[M]. 北京:北京理工大学出版社,2016.
[9] 王爱国. 汽车空调[M]. 武汉:华中科技大学出版社,2017.
[10] 张世良,邱立华. 汽车空调[M]. 西安:西安交通大学出版社,2014.
[11] 凌永成. 汽车空调技术[M]. 北京:机械工业出版社,2014.
[12] 刘春晖. 汽车空调维修500问[M]. 北京:机械工业出版社,2013.